„Guten Morgen, lieber Lehrer!“

77 Geschichten und Berichte aus dem Schulleben

Lesebuch für Grundschullehrer

Herausgegeben von Gerhard Sennlaub

Gewidmet allen Kolleginnen und Kollegen
in der Schulaufsicht,
die sich weigern, Verwaltungsbeamte zu werden,
obwohl manche Lehrer das gern hätten.

Gerhard Sennlaub

„Guten Morgen lieber Lehrer!“

77 Geschichten und Berichte
aus dem Schulleben

Lesebuch für Grundschullehrer

Herausgegeben von
GERHARD SENNLAUB

Agentur Dieck

Das Lesebuch für Grundschullehrer

Herausgegeben von REINHARD MEIS und GERHARD SENNLAUB

Band 1: „Guten Morgen, lieber Lehrer!"
77 Geschichten und Berichte aus dem Schulleben
Herausgegeben von GERHARD SENNLAUB

Mit Beiträgen von:

URSULA BUSSEMER, Grundschullehrerin in Oldenburg
GISELA DICK, Grundschullehrerin in Sprockhövel-Haßlinghausen
JOCHEN GREBE, ehem. Grundschullehrer in Lüdenscheid
GERHILD KIRSCHNER, Grundschullehrerin in Braunfels-Bonbaden
CHRISTA LEMMER, Grundschullehrerin in Ahe
REGINA THULESIUS, Grundschullehrerin in Hagen
GERHARD SENNLAUB, ehem. Grundschullehrer in Wuppertal
NORBERT SIBINSKI, Sonderschullehrer in Witten

und Zitaten aus den Werken von JOHANNES KRETSCHMANN/
PAUL-GEORG MÜNCH/HEINRICH SCHARRELMANN/LEO N. TOLSTOJ

Nicht mit Namen gekennzeichnete Beiträge stammen vom Herausgeber.

---

3. Auflage 1985

Gesetzt aus der Garamont
Printed in Germany

ISBN 3-88852-000-2

Alleinvertrieb: Buchhandlung Elke Dieck · Postfach 1329 ·D-5138 Heinsberg

Inhalt

Vorwort

In diesem Buch erzählen Grundschullehrerinnen und Grundschullehrer aus ihrem Schulalltag. Wir sagen mit diesen Geschichten nicht: So muß man's machen! Wir sagen nur, wie *wir* es machen. Denn jeder muß sich so verbrauchen, wie er ist. Unsere 77 kleinen Geschichten sollen Kolleginnen und Kollegen Mut machen: Versucht das auch! Macht euch Spaß an eurem Beruf! Laßt euch nicht unterkriegen! Macht eure Träume wahr! Und unsere Geschichten sollen Eltern ermutigen, Bundesgenossen solcher Lehrer zu werden.

Wir sind viele. Unser Fehler ist, daß wir so leise sind und daß wir so wenig voneinander wissen.

Wir erzählen hier, bunt gemischt, von dem, was uns gelingt und wie es uns gelingt. Deshalb ist dieses Buch unvollständig. Denn vieles gelingt uns nicht. Wollten wir von dem erzählen, wäre das Buch doppelt so dick.

Einige Beiträge sind von längst toten Kollegen aus längst vergessenen Büchern. Sie sollen belegen, daß es seit mehreren Lehrergenerationen eine Kontinuität der ‚pädagogischen Tat' gibt. Seit Generationen handeln Pädagogen in der Volksschule gleich und ähnlich, obwohl die herrschende Meinung in der wissenschaftlichen Diskussion alle paar Jahre wechselt. Ohne diese pädagogische Kontinuität wären unsere Kinder in den letzten Jahren arm dran gewesen.

Eingestreut sind Zitate aus alten und neuen Büchern. Sie sollen diese Kontinuität belegen, auf die Legitimation unseres Handelns verweisen und zum Weiterlesen verlocken.

Jedes Kapitel wird mit Zitaten aus Richtlinien und Verordnungen unserer Zeit eingeleitet. Die sollen belegen, was wir gern verdrängen: Viele Vorschriften ermuntern heutzutage zu pädagogischer Tat oder machen sie gar zur Dienstpflicht.

Gerhard Sennlaub

Wie wir Lernen attraktiv machen

Schule und Lernen sollen und können Spaß machen. Wenn Ihr Kind, das Sie uns anvertrauen wollen, mit diesem Bewußtsein zur Schule kommt, ist dies eine solide Basis für unser gemeinsames Bemühen, daß es ein fröhlicher Mensch wird und sich gut entwickelt.

Freie Hansestadt Bremen: Bald ist's soweit! (Faltblatt für Eltern, 1983)

Die Lernprozesse des Kindes sind an seiner Bereitschaft und Freude auszurichten, in der Schule Neues zu entdecken, die Wirklichkeit zu erkunden und sich in selbstgewählten Aktivitäten zu erproben.

Nordrhein-Westfalen: Zweiter Entwurf der Grundschul-Richtlinien, 1983, 3.1

Der erziehende Unterricht schließt sich – wo immer möglich – den Interessen der Schüler an oder muß das Interesse an den Sachverhalten wecken.

Baden-Württemberg: Lehrplanrevision in Baden-Württemberg, in: Kultus und Unterricht, Heft 2/1983, 6., S. 13

Diese Lernsituationen können nicht unmittelbar aus fachlichen Strukturen abgeleitet werden. Sie müssen in Realsituationen aus dem Erfahrungsbereich des Kindes anknüpfen und wieder in sie einmünden.

Hessen: Rahmenrichtlinien Primarstufe, Sachunterricht, Aspekt Gesellschaftslehre, 1979, S. 8

Kikifax

Der Kerl heißt Kikifax. Er ist ein Verwandter des Kasper. Eines Tages, als der erste Schwung beim Lesenlernen gerade nachließ, wurde er aus einer vergessenen Kiste im Schulkindergarten reaktiviert und stellte sich, auf des Lehrers Hand hockend, mit krähender Stimme der Klasse 1 B vor. Seither ist er das 32. Wesen in der Klasse - fraglos das beliebteste.

Kikifax fabriziert unentwegt Unsinn. Beim Satzlegen mit Wortkarten baut er alberne Sätze (DIE PUPPE IST IM EIMER) oder falsche Wortfolgen (MEIKE LIEB IST). In Texten auf dem Tageslichtprojektor löscht er einzelne Wörter, so daß sie mühsam reproduziert werden müssen, setzt falsche ein, vertauscht Buchstaben, „verzaubert“ MAUS in LAUS, fälscht Mathematik-Ergebnisse (und leugnet empört seine Schuld), wischt über Nacht Glieder von Gleichungen weg; auf dem Lesesetzkasten entsteht kein vernünftiger Satz mehr, sobald der kleine Kerl auf der Leiste sitzt (Alexandra: „Der Kikifax ist aber auch einer!“), bei Abhorchübungen weiß er alles besser, kann B nicht von P unterscheiden, nicht D von T und nicht G von K und kriegt, stellvertretend für die Kinder, sein dauerndes Dazwischenreden abgewöhnt. Aus SIMONE macht er ZITRONE und behauptet, bei beiden höre man schließlich den gleichen Laut zuerst; Spottverse münzt er zuerst auf den Lehrer, und wenn er den Abzählvers HEXE MINKA, KATER PINKA, VOGEL FU, AUS BIST DU! aufsagen soll, wird aus dem Kater Pinka regelmäßig KÄSE STINKA - seine wochenlang täglich erhoffte Glanznummer.

Die Klassenfama spricht ihm inzwischen übermenschliche Kräfte zu: Er kann Unordnung in Schultaschen schaffen, während er in seiner Tischschublade eingeschlossen liegt. Wenn der Überhitzungsschutz den Tageslichtprojektor ausschaltet, wenn ein Buch, das „ganz bestimmt“ in die Tasche gesteckt wurde, plötzlich nicht mehr zu finden ist: dann war das „bestimmt der Kikifax!“

So wurde dieser Bursche im Laufe der Monate auch ein Synonym für Unsinn, Alberei, Streichespielen und Zauberei. „Komm, wir machen Kikifax!" ist Einladung zum Albern und Streicheaushecken. „Laß den Kikifax!" sagt Guido, wenn ihm Christians Neckereien lästig werden.

Mit wachsender Fähigkeit, Wörter und Sätze zu erlesen, wuchsen die Möglichkeiten des Kobolds: Er mischte unter seine lustigen bis albernen Sätze auch Lügen allerlei Kalibers (NIKOLAUS FÄLLT AUS. ARNE KANN NICHT LESEN).

Täglich darf ein Kind den Kikifax mit nach Hause nehmen. Am nächsten Tag erscheint er wieder mit (vergeblich) gebürsteten Strubbelhaaren, gebügeltem Kleid und Zahnpastaresten unter der Nase. Er berichtet durch den Mund und auf der Hand seines jeweiligen Gastgebers der gespannt lauschenden Klasse, wie es ihm ergangen ist. Dabei verkündet er nicht nur regelmäßig, der letzte Gastgeber sei „aber ein besonders lieber". Er berichtet auch von allerlei häuslichen Ereignissen: Von Spaziergängen und Kindergeburtstagen, übers Fernsehprogramm und über Streiche des Dackels bis zu seinen prahlend erzählten gewaltigen Freßleistungen bei Tisch, über eigenes Bettnässen, das er feixend gesteht. Diese Berichte sind der Höhepunkt des Tages, und wenn es am Unterrichtsschluß schellt, ehe er erzählt hat, erinnert ein skandierend „Ki-ki-fax!" rufender Chor an das Versäumnis.

Was soll das alles? Kikifax ist ein Symbol für Spaß. Unsere Forderung „Schule soll Spaß machen!" wird nicht durch umfangreiche Projekte, durch Ministerialerlasse und kluge Aufsätze verwirklicht, sondern bei uns mit Hilfe von Kikifax und seinesgleichen, durch tägliche Kleinigkeiten und scheinbare Banalitäten. Ob Schule Spaß macht, wird zuerst durch den Unterrichtsstil des Lehrers bestimmt, und Kikifax ist Ausdruck eines (oft) Spaß machenden Stils. Mancher sonst eher freudlose Tag wurde durch den kleinen Kerl nicht nur erträglich, sondern sogar freudvoll; manche schmale Motivationsbasis (wie etwa bei den täglichen Übungen zur ‚akustischen Analyse' über Wochen hinweg) erweiterte Kikifax. Manche aus Zeitnot geborene Jagd nach Lernzielen half er, nicht als entmutigenden Streß, sondern als fröhliches Tun zu erleben.

Beamtete Miesepeter werden ihn ob seiner scheinbaren Kleinheit und seines mangelnden Ernstes verachten. Wer aber ‚Schule macht Spaß!' zu seiner Devise gemacht hat, wer Schwierigkeiten hat, aus seiner zu engen Haut herauszukommen, wessen Unterricht zu ‚trocken' ist, wer bei Kindern nicht ‚ankommt', der überwinde sich und nehme Kikifax zur Hand, leihe ihm auch mal eine krähende und krakeelende Stimme. Und wer sich Kindern nicht immer verständlich machen kann, spreche öfter durch dieses Kobolds Mund: Abstrakte Predigten gehen dem nicht über die Lippen!

Frederic Vester (Denken, Lernen, Vergessen) hat uns gelehrt, daß beim Lernen gespeicherte Information nicht nur aus dem Lernstoff besteht, sondern auch „aus allen dabei mitgespeicherten, mitschwingenden übrigen Wahrnehmungen" (S. 144) - vom Bohnerwachsgeruch über Begleitgeräusche bis zu positiven und negativen Gefühlen. Damit hat auch Kikifax als Sekundärassoziation „gewaltige Konsequenzen" für das Lernen. Vester: Die Schulatmosphäre und die Art, den Lernstoff ‚unverpackt' anzubieten, erzeugen vielfach Angst, Abwehr, feindliche Haltung und damit eine ‚negative' Hormonlage (S. 161). Die als biologische Lernhilfe eingesetzte Kasperpuppe verhindert ein solches lernfeindliches Schulklima gründlich und spielend leicht. Denn dieser Kikifax ist ein permanent wirkendes positives Erlebnis. Es wird wegen der mit ihm verbundenen „positiven Hormonlage" weit vielfältiger assoziiert als negative Erlebnisse, wird damit auch geistig besser verarbeitet und ausführlicher zurückgerufen als andere: Kleiner Kikifax - große Wirkung.

Kikifax war einmal ein ‚Trick' des Lehrers. Für die Erstkläßler ist er längst mehr. Er verkörpert die Erkenntnis: Eine Schule, in der Kikifax das große Wort führt, kann nicht gefährlich sein. Er erlaubt Kindern eine Art der Auseinandersetzung mit sie bedrohenden Problemen, die in unseren Schulen nicht eben üblich ist, die man bürgerlich-philiströs als ‚leichtfertig' und ‚unernst' bezeichnen mag, die aber in einer als ‚Krankmacher' verschrieenen Schule ihren Platz haben muß: Viele aufgequollene ‚Problemlösungsstrategien' befassen sich mit Problemen, die mit einem schlichten „Kikifax!" besser bewältigt wären.

Kikifax provoziert Sprache, wo raffinierte Programme versagen. Er ist die Person gewordene „prägnante Situation", und das für hunderterlei Gelegenheiten gleichermaßen. Er ist die Maske, hinter der sich gehemmte Kinder verstecken. Schulstumme beginnen zu sprechen, wenn sie ihm ihre Stimme leihen. Wochenlang wollten einige gehemmte und gestörte Kinder den kleinen Kerl wegen der folgenden Rede-‚Pflicht' nicht mit nach Hause nehmen. Aber der Sog der Sache war so stark, daß alle (tatsächlich: alle!) nun ein *Recht* darin sehen, über das sie eifrig wachen.

Der weitaus größte Teil unseres Unterrichts besteht nicht aus attraktiven ‚Einführungen', ‚Projekten' und anderen Vorzeige-Stunden, sondern aus Üben und immer wiederholtem Üben. Wie aber kann fortwährend wiederholtes Üben schmackhaft gemacht werden? Wie – zum Beispiel – kann mit Erstkläßlern der richtige Gebrauch der Formwörter an, unter, neben, hinter, über geübt werden, ohne daß Sprachbuch-Stumpfsinn sich breitmacht und Langeweile in der Schulstube dünstet? Wie kann lustbetont die richtige Fallsetzung nach diesen Wörtern geübt werden? Nicht nur an einem Tag, sondern an zehn, zwanzig Tagen?

In den schriftlichen Unterrichtsvorbereitungen unserer Studenten und ‚Lehramtsanwärter' werden komplizierte Konstruktionen ersonnen, auf die Kinder später oftmals nicht ansprechen, weil sie zu kompliziert und ‚synthetisch' sind.

Kikifax macht's billiger und echter.

(Dieser Beitrag erschien erstmals in: DIE GRUNDSCHULE, Westermann, Braunschweig, Heft 12/1976)

> „Weg mit allem Negativen, Unfruchtbaren, Nörgelnden, Kritischen: ‚Sitz gerade!' ‚Das ist schlecht ausgedrückt!' ‚Sag das besser!' ‚Es muß mir heißen und nicht mich!' usw. usw. Lerne zu unterrichten, ohne zu tadeln."
>
> *Heinrich Scharrelmann in: Herzhafter Unterricht. Hamburg 1910, S. 130*

Wahrheitsschreiber

Es begann beim täglichen Lesetraining am Tageslichtprojektor. Zwei- oder dreimal am Tag setzte ich mich für etwa zehn Minuten vor die Erstkläßler und schrieb ihnen allerlei Texte auf den Projektor, auf daß sie Gelegenheit hätten, das synthetisierende Erlesen zu üben.

Was schreibt man bei dergleichen Gelegenheiten? Texte aus der Fibel oder nach Art der Fibel hält man nicht lange durch, weil sie zu langweilig sind, zu belanglos, zu steril. Die Kleinen wollen nicht irgend etwas lesen, sondern etwas Interessantes, etwas, das Lesenkönnen als Lust erleben läßt. Interessant ist erstens, was von ihnen selbst handelt, zweitens Lustiges.

Sie lesen mit, was langsam auf der Schreibfläche entsteht: P PE PET PETR PETRA H HA HAT EI EIN EINE EINEN P PIE PIEP PIEPM PIEPMA PIEPMATZ.

Jubel zeigt an, daß sie verstanden haben. Petra stampft nach vorn, fordert barsch den Schreiber und antwortet mit krakeligen Buchstaben: SELBA. Die Garde der Lesekönner schreit Triumph. Simone schreit besonders laut. Ich schreibe fix: SIMONE HAT EINE GROßE KLAPPE. Nach und nach attackiere ich auf diese Weise ein halbes Dutzend Kinder und werde attackiert.

Plötzlich fällt mir etwas ein.

Zufällig sind all diese Attacken mit dem grünen Stift geschrieben. Jetzt nehme ich den schwarzen und schreibe: ARNE –. Ich sehe Arne gespielt drohend an. Er kneift die Augen zusammen, grinst etwas gequält und rechnet mit dem schlimmsten.

ARNE IST LIEB.

Neuerliches Protestgeschrei. Wieso ist ausgerechnet der Arne „lieb“, während alle anderen „frech“ sind, „killi-killi“, „kariert“ und „klein“, „Krachmacher“ und „Banditen“?

Ich sei ungerecht, schimpft Kerstin. „Wieso ich?“ antworte ich in gespielter Arglosigkeit. „Das war der Schreiber!“

Sie schreien Hohn. Aber Arne steht mir bei. „Das sieht man doch!“ sagt er. „Das Freche hat alles der grüne Schreiber geschrieben. Das Wahre über mich ist schwarz.“

„Jawoll!“ bestätige ich. „Der Grüne ist nämlich der Wahrheitsschreiber, der Schwarze ist der Lügenschreiber.“

Kerstin reckt ihren Spuckefinger gegen mich: „*Du* lügst!“ „Dann will ich noch mal probieren, ob der Schwarze wirklich die Wahrheit schreibt!“ SENNI KRIEGT NEUE HAARE AUF DER GLATZE. (Ich darf nicht Kinder veräppeln, ohne mich von ihnen veräppeln zu lassen und mich gelegentlich auch selbst zu verspotten.) Ich hebe den schwarzen Schreiber und sehe triumphierend in die Runde: „Wahr!“ Die Kinder widersprechen schreiend: Der Wahrheitsschreiber lügt! „Kommt her, Jutta, Iris, Micha, Sveni, überzeugt euch! Ganz viele helle kleine Haare.“ „Tatsächlich!“

Seither vergnügen wir uns fast täglich mit Wahrheits- und Lügenschreiber. Tolle Behauptungen werden aufgestellt: SIMONES HUND KANN SINGEN. CORINNA MACHT KEINE SCHULAS. OLI KANN NICHT LESEN. NETTE TRINKT MILCH AUS DER FLASCHE. Macht nichts, es war ja der Lügenschreiber.

Später entdecken wir ganz neue Fähigkeiten des Wahrheitsschreibers. Nette bezichtigt mich eines Tages der ärgsten aller Lehrersünden: „Du bezugst manche Kinder vor!“ Die Benachteiligten aller Klassen vereinigen sich: „Ja, das stimmt!“ Anlaß ist die Dauerklage, einige Kinder kämen nie an die Reihe, die Kasper-Puppe KIKIFAX mit nach Hause zu nehmen.

Also bitte, wenn ihr meint, ich sei ungerecht: Soll doch der Wahrheitsschreiber sagen, wer KIKIFAX mit nach Hause nehmen darf! Der Stift wird mit allerlei beschwörendem Schnickschnack auf dem Fußboden im Tischgeviert wirbelnd gedreht. Das Kind, auf das am Ende die schwarze Kappe weist, ist das auserwählte. Zeigt der Schreiber auf ein Kind, das schon früher einmal an der Reihe war, wird noch einmal gedreht. Weil manche das Glück vergangener Tage gar zu schnell vergessen, ernenne ich Sven zum Buchhalter. Er legt ein Heft an, schreibt in seiner schönsten Schrift alle Namen darein, und auf dem Umschlag prangt: WAHRHEIZSCHREIBER.

Lehrer = Lerner

Als Allroundlehrer in einem dritten Schuljahr obliegt mir auch die Pflicht, Sportunterricht trotz fehlenden Studiums in diesem Bereich zu erteilen, und zwar so, daß „folgerichtige Planung der Lernprozesse und systematischer Wechsel von Belastung und Erholung in jeder Lerneinheit notwendig“ sind (Richtlinien NRW, SP 4, 2.2)

Aber, so lese ich in den Richtlinien erfreut weiter, „der Lehrer sollte den Schüler an der Erarbeitung der Lernziele beteiligen“ (SP 4, 2.3). Und: „Der Sportunterricht erfordert darum Situationen, in denen die Schüler selbständig Erfahrungen sammeln und eigenverantwortlich handeln lernen“ (SP 4, 3.1.1).

In meiner Klasse sind viele Kinder Mitglieder eines Turnvereins. Auf ihre Erfahrungen kann ich mich stützen. Also stelle ich, nachdem ein 500-Sekunden-Programm einer Trimm-dich-Platte für gymnastische Übungen mit Musik gesorgt hat, eine willkürliche Kombination von Sportgeräten bereit, etwa Kasten, Seilchen und Reifen, und lasse die Kinder Übungen vorschlagen und vormachen, die sämtliche aufgestellten Geräte berücksichtigen.

Die Kinder produzieren immer neue Ideen, sind gezwungen, die Bewegungsabläufe im voraus zu versprachlichen (falls das nicht gelingt, bemühen wir uns im Anschluß an eine Demonstration gemeinsam um anschauliche Sprache), und die fünfundvierzig Minuten Sport vergehen mit Schwitzen, großer Anstrengung, aber auch Begeisterung wie im Flug.

Gisela Dick

> „Wir Schulmeister sind viel zu sehr auf Kritik dressiert. Wir haben unsere Augen wunderbar geschärft für alle Fehler und Unvollkommenheiten. Was aber würden wir leisten, wenn wir in jedem Kinde statt der Schwächen die Vorzüge sähen!“
>
> *Heinrich Scharrelmann in: Weg zur Kraft, Hamburg 1910, S. 276*

Geographie

Matthias Waldstrasser verlebt mit seinen Kindern jede Woche ein paar Stunden auf dem kleinen Bahnhof des Heimatdorfes. Zwei Züge kommen täglich, und zwei gehen. Wer aber Augen hat zu schauen, dem zeigt die kleine Bretterbude, die sich gernegroß Bahnhof nennt, eine ganze Welt.

Die Zwerglokomotiven schleppen keuchend Holzbearbeitungsmaschinen herauf, die Maschinen kommen aus Sachsen; sie bringen Kraft ins Land und Fixigkeit ...

Dumme Bauern grinsen natürlich: Der Schulmeister treibt sich mit unseren Kindern wieder mal auf dem Bahnhofe herum! Denn zum richtigen Unterricht gehören doch Katheder und Stickluft! Aber Matthias läßt sich nicht irre machen.

Schwere Ladungen Bretter und Grubenhölzer gehen ins westfälische Industriegebiet, landwirtschaftliches Eisengerät kommt zurück. Aus dem Donaugebiet bringen Güterwagen Hopfen ins Gerstenland, und Biertonnen rollen aus der kleinen Dorfbrauerei in die Siedlungen des Waldes. Kälberhaare wandern ins sächsische Textilgebiet. Aus Mannheim kommt französisches Harz, aus Hamburg englisches, die Pechsiedereien des Waldes brauchen es. Äpfel aus dem Maingau tauscht hier der Güterzug gegen Fichtenlohe ein, die haben norddeutsche Gerbstofffabriken sich bestellt ... Vieh, Granit, Papier, Kräutertees gehen zu Tale – quo vadis? Wohin, ihr Kinder des Bayernwaldes? Die Kinder schauen neugierig in die kleinen Gitterkästen am Wagen und schreiben in ihre Notizbücher, an welchen Zielstationen die einzelnen Güter erwartet werden.

Wir begleiten Matthias Waldstrasser und seine Schar in die Schulstube. Dort hat er eine große Hausmacher-Landkarte hängen. Bei den Leinewebern des Dorfes hat er sich Leinwand zusammengefochten, eine alte Karte damit überklebt und dann ein seltsames Kartenbild von Deutschland entstehen lassen. Auf der Karte sind nach jedem Bahnhofsbesuch die Wege der Güter eingezeichnet worden, die Karte zeigt die Zugstraße der heimischen Erzeugnisse und den Aufmarsch der fremden Güter gegen das Heimatdorf. Sie ist nicht ein zusammenhangloses Kunterbunt von Linien und Punkten, sie zeigt das große Interessengebiet der Heimat ...

Rote Linien streben von dem Heimatdorfe fort, blaue laufen zurück, und so erinnert die Karte an die Darstellung des Blutumlaufes im menschlichen Körper. Das ist der große Unterschied zwischen der alten und der neuen Geographiemethode: die alten Meister zeigten den Kindern Karten vom Knochenbau der Heimat, ein Skelett von Graden und Grenzen. Wir wollen ihnen Karten vom Umlauf des Blutes zeigen, das Zellen füllt und Leben regt.

Aus: Paul Georg Münch: Freude ist alles! Leipzig 1922, S. 83 ff.

„Der Schüler muß zu jedem Zeitpunkt den Sinn dessen einsehen können, was er hört, sieht, liest und tut. Er sollte immer wissen, wofür er einen Stoff lernt, was er damit anfangen, wie er ihn umsetzen kann. Der Sinn muß offen ausgedrückt sein. Vernachlässigung stellte sich in allen unseren Tests als ein Faktor heraus, der das Lernen stark behindert."

Frederic Vester in: Denken, Lernen, Vergessen. Deutsche Verlags-Anstalt, Stuttgart 1975, S. 190

Forschungsauftrag

Der nächste Samstag-Mittag-Eltern-‚Abend' sollte am 11. November sein. Als ich in der Einladung die übliche Uhrzeit elf Uhr schreiben wollte, gab ich der Verlockung nach, die karnevalistische Zeit 11.11 Uhr zu wählen. Weil am 11. um 11 Uhr 11 der ‚Hoppeditz', die Symbolfigur des rheinischen Karnevals, feierlich aufgeweckt wird, setzte ich im Übermut hinter die Zeitangabe: „Mit Hoppeditzwecken".

Matthias, 9, las die Einladung und fragte: „Was ist ein Hoppeditz?"

Ich konnte ihm nur eine sehr allgemeine Antwort geben. Als ich meine ebenso wortreiche wie inhaltsarme Erklärung beendet hatte, protestierten einige Kinder. Später schrieb Anja über diese Szene in einem Aufsatz: „Da schrie die ganze Klasse: ‚Regel 1 fürs Geschichtenschreiben: Man soll nie von etwas schreiben, was man nicht kennt!'"

Ich rettete mich, indem ich Matthias zu erforschen bat, was ein Hoppeditz ist. Solche Gelegenheiten muß man nutzen. Ich war leider monatelang nicht mehr auf den Gedanken gekommen, so zu reagieren.

Anja später in ihrem Aufsatz: „‚Wird gemacht!' rief Matthias und stand da wie ein Soldat. Er suchte sich Golo als Mitforscher aus." Als Starthilfe gab ich den Forschern die Telefonnummer der städtischen Informationszentrale. Die hätte auch ich zuerst gewählt, hätte ich die Nachforschungen selbst angestellt. Matthias und Golo erzeugten gewaltigen Wirbel in der Verwandtschaft und Bekanntschaft ihrer Familien. Jeder kannte den Hoppeditz, aber keiner konnte Fragen nach Herkunft und Bedeutung beantworten. Die städtische Informationszentrale mußte ebenfalls passen. Aber sie verwies an die Chefs einiger Karnevalsgesellschaften. Die waren zur Verblüffung der Jungen ebenfalls nicht in der Lage, plausible Erklärungen zu geben.

Da sagte Golo zu seiner Mutter: „Jetzt bin ich's leid. Der Herr Hungerland (ein Freund des Hauses) kennt doch einen Redakteur von der Zeitung, nicht?"

So kamen die Forscher an die und in die Zeitung. Die fragte ein paar Tage dreispaltig und im Fettdruck ihre Leser: „Wer kennt den Hoppeditz?“. Der Chef des Wuppertaler Karnevals geriet auch ins Bild. Unterschrift: „Überfragt: Festausschußpräsident Otto Grenzdörfer.“

Der Wirbel machte Forschen populär. Sven fragt, ob er mal erforschen dürfe, wie Milchpulver hergestellt wird; er wolle das schon lange wissen. (Wieder eine Frage, auf die ich hätte passen müssen.) Ich bescheinige ihm auf Kopfpapier und mit Siegel den Forschungsauftrag und bitte darin die geneigten Leser um Hilfe. Sven überredet seine Eltern, mit ihm zum ‚Kutel‘ zu fahren, einem Essener Musterbetrieb der Milcherzeugung, der einige Wochen zuvor Ziel einer Klassenfahrt war.

Jens fragt morgens, aus dem Fenster deutend, wie eigentlich Rauhreif entstehe. Bärbel will etwas über Blitze wissen, weil sie bei Gewitter den Fernsehstecker und die -antenne herausziehen muß. Golo, auf den Geschmack gekommen, nutzt häuslichen Ärger wegen eines Tintenflecks im Hemd, den Herstellungsprozeß von Tinte zu erforschen. Er und drei Freunde schreiben an zwei Tintenhersteller. Einer antwortet sehr ausführlich und mit viel Material. Der Brief wird triumphierend in der Klasse herumgezeigt.

Ein Schweizer Gymnasiallehrer aus Solothurn hat den Kindern zu ihrem ‚Inselbuch‘ gratuliert, Ergebnis einer Langeoog-Klassenfahrt. Oli will herausfinden, wo Solothurn liegt. Ich ändere den Auftrag: Wie kommt man nach Solothurn? Vici, Soldatensohn, demonstriert vor der Klasse die Herstellung von Zinnsoldaten und schreibt das Versuchsprotokoll. Alex, Simone und Petra ‚erforschen‘ Sternschnuppen. Ihre Quellen sind drei Bücher, die Sternwarte Bochum, das Planetarium Bochum und Alex’ Kusine Sabine.

Wie alle Forscher legen sie einen schriftlichen Bericht vor, fehlerfrei in der dritten Fassung, den wir für jedes Kind kopieren. Außerdem erledigen die drei ihren Auftrag mündlich vor der Klasse. Jens möchte auch mal mit der Sternwarte telefonieren. Er wünscht die Telefonnummer. Warum steht sie nicht im Bericht? Sven M. besitzt eines der benutzten Bücher, liest zu Hause nach und stellt falsche Zitation fest. Die Kinder merken:

Quellen müssen genannt werden. Von nun an geschieht das in jedem Bericht, sonst nehme ich ihn nicht an.

Damit wir die Übersicht behalten, hänge ich ein Stück Tapetenrolle an die Wand. Wer einen Forschungsauftrag hat, nennt den da samt seinen Mitforschern und kriegt von mir seinen Forscher-Ausweis, damit es ihm nicht geht wie Oli, der am Bundesbahnschalter von einem Beamten angeblafft wurde.

Nach ein paar Wochen zügle ich den Eifer, damit er sich nicht zu schnell verbraucht. Lieber ein Jahr lang jede Woche höchstens einen Forschungsauftrag, als sechs Wochen lang täglich einen. Jedes Kind besitzt einen ständig wachsenden Schnellhefter mit den Forschungsergebnissen.

Die Bedeutung dieses ‚Unterrichts' liegt auf der Hand: Hier wird nicht irgendein Schulstoff zwangsweise verabreicht, sondern Kinder stellen die Fragen und suchen Antworten aus eigenem Antrieb. Sie müssen vielerlei Entscheidungen treffen, Strategien entwickeln und Pläne, wie die gewünschten Informationen zu kriegen sind. Die müssen sie in Berichtsform bringen, aufschreiben und dabei auf Rechtschreiben und äußere Form achten. Zusammenarbeit ist nicht vom Lehrer verlangt („Dies ist eine Gelegenheit für Partnerarbeit"), sondern von der Sache gefordert. Die Kinder erfahren das ungeduldige Vergnügen, das uns erfüllt, wenn wir lernen, was zu lernen uns bewegt.

An der ganzen Sache ist eigentlich nur eines erstaunlich: Warum habe ich nicht schon früher solche Gelegenheiten erkannt und ähnlich genutzt?

> „Im gesamten Unterricht der Grundschule ist der Grundsatz zur Durchführung zu bringen, daß nicht Wissensstoffe und Fertigkeiten bloß äußerlich angeeignet, sondern möglichst alles, was die Kinder lernen, von ihnen innerlich erlebt und selbsttätig erworben wird."
>
> *In: ‚Richtlinien zur Aufstellung von Lehrplänen für die Grundschule' vom 16. 3. 1921*

Wölbung

Ich ließ zehn Jungen mit ihren Schulranzen vorkommen und sagte: „Jetzt wollen wir zwischen zwei Bänken eine Brücke bauen, eine Ranzenbrücke! Wer baut mit?"

Jubel. Wir stellten die Ranzen nebeneinander wie Bücher im Regal und klemmten sie ganz feste zwischen zwei Bänke ein. Die Brücke war fertig. Ich setzte zur Belastungsprobe ein Kerlchen darauf – bums! fiel die Brücke ein.

Jetzt fragte ich: „Wie könnten wir's wohl anfangen, daß die Ranzenbrücke trägt?"

Und nach einigem Überlegen kamen zwei Jungen auf den Einfall: „Wir legen die Ranzen so nebeneinander, daß sie einen kleinen Bogen machen!"

Jetzt legten wir die Ranzen zu einem Schwibbogen nebeneinander, klemmten sie abermals ein und setzten das Bübchen wieder darauf. Hurra! Die Brücke trug!

Das war das erste kleine Erlebnis zu dem Begriff Wölbung. Ich legte dann einen Jungen bäuchlings auf zwei Stühle, daß er zum guten Teil frei schwebte, und setzte einen anderen Jungen rittlings auf ihn drauf. Unwillkürlich wölbte der liegende seinen Rücken. Das war das zweite Erlebnis. Jetzt wurden die Geister mobil und brachten Beispiele, wie Träger den Rücken wölben. Nun ging ich mit den Kindern vor das Schulhaus auf die Straße. Gegenüber sahen wir im Schnittgerinne einen alten Besenstil liegen. Ich ließ die Kinder mit der Nase in den diesseitigen Rinnstein sich niederbeugen und sagte: „Nun seht euch den Besenstil da drüben noch einmal an!"

„Wir können ihn nicht mehr sehen!"

„Warum denn nicht?"

„Da ist ein Berg dazwischen!"

Jetzt ließ ich die Wölbung „begreifen", der Begriff ‚Gewölbtsein' mußte in die Fingerspitzen rinnen. Das war das dritte kleine Erlebnis.

Nun schaute ich mit den Kindern die Kirche an und wartete, ob sie mir etwas über Wölbung zu sagen hätten. Und es fiel ihnen wie Schuppen von den Augen: die unteren Fenster- und Türgewände, die die ganze Kirche auf dem Buckel haben, sind alle gewölbt. Das Gewände der Turmfenster dagegen ist flach und eckig. Ich ließ sie in die beiden Wörter hineinhorchen: „gewölbt“ - wie das Wort sich selbst wölbt! „Eckig“ - wie eckig das den Mund macht! Das war das vierte kleine Erlebnis.

Jetzt hatten wir den Begriff Wölbung sachlich und sprachlich an allen vier Zipfeln gefaßt. Jetzt konnten wir daran gehen, in der Springgrube im Schulhofe zwei Straßen zu bauen, eine flache und eine gewölbte, und konnten beide einer Belastungsprobe und einem Gießkannenregen aussetzen. Nunmehr war das nicht Spielerei, sondern Kontrollarbeit ...

Äußerliches Fertigwerden mit einer Arbeit ist uns nicht mehr das Wesentliche, sondern das innere Weiterkommen gilt, das Erobern der Natur, das Eindringen in ihre Gesetze, in ihre tieferen, geheimnisvollen Zusammenhänge. Wird das Kind nicht schöpferisch, ist der betriebsamste Unterricht geschäftiger Müßiggang, Bluff.

Paul Georg Münch in: Freude ist alles! Leipzig 1922, S. 24 ff.

„Wir unterrichten in unseren Schulen fast ausschließlich durch das Wort, durch die Sprache; mit den Dingen selbst machen wir unsere Schüler trotz unserer gefüllten Anschauungsschränke nicht bekannt.“

Fritz Gansberg in: Schaffensfreude. Leipzig und Berlin [2]1907, S. V

Wie Rechnen Spaß macht

Der Mathematikunterricht knüpft an die Erfahrungen der Schüler an. Er weckt durch Spiel, handelnden Umgang mit Dingen und den Einsatz von Arbeitsmitteln die Freude am eigenen Tun und führt so an vielfältige und interessante Fragestellungen und Lösungsformen heran."

Freistaat Bayern: Lehrplan für die Grundschule, Mathematik, Vorbemerkung, 2., Amtsblatt, Sondernummer 20/1981, S. 589

Ein solcher Unterricht ... vermittelt den Kindern neue Kenntnisse, Fähigkeiten und Fertigkeiten dadurch, daß er vielseitig interessierende Lernanlässe und Lernsituationen schafft, die für die Kinder auf der Grundlage ihres schon erworbenen Wissens- und Könnensstandes sinnvoll sind ...

Nordrhein-Westfalen: Zweiter Entwurf der Grundschul-Richtlinien, 1983, 2.1

Kindgemäßes Üben - nicht stumpfsinniger Drill - schafft Gewandtheit und Sicherheit.

Baden-Württemberg: Lehrplanrevision in Baden-Württemberg, in: Kultus und Unterricht, Heft 2/1983, 2.3, S. 6

Rechnen dürfen

Vorige Stunde habe ich in meiner Klasse den Zahlenraum bis zur Hundert wiederholt. Ich hätte sagen können: Jetzt zerlegt die 72 in drei Teile! Bildet euch zwanzig Aufgaben! Sie hätten also geschrieben: 24 + 24 + 24 = 72 oder 17 + 17 + 38 = 72 usw. Das wäre Arbeit gewesen, ein Müssen! Ich habe es aber so gemacht: Ich habe drei Kinder mit drei leeren Zigarrenkisten und 72 Steinchen auf den Korridor geschickt und ihnen aufgegeben, die 72 Steinchen ganz nach Belieben auf die drei Kisten zu verteilen. Und den übrigen Kindern habe ich gesagt: Nun wollen wir einmal sehen, wie die drei die 72 Steinchen wohl verteilen werden! Wer es errät, darf in einem Fuchsspiel der Jäger sein! –

Jetzt hätten sie die Kerlchen sehen sollen! Jetzt empfanden sie das Zerlegen der 72 als ein Dürfen! Als ein Spiel! Jetzt hatten sie in ein paar Minuten mehr Aufgaben gerechnet als im Zwangsverfahren in einer ganzen Stunde! Jetzt waren sie innerlich an der Sache interessiert! Auch der Unbegabteste gab jetzt sein Bestes und mühte sich, recht lebhaft zu rechnen, um die Möglichkeit eines Treffers zu erhöhen.

Paul Georg Münch in: Mein frohes Völkchen. Büchergilde Gutenberg, Berlin 1931. S. 28 f.

Kegeln

Als eines Morgens unverhofft zwei Lehrerinnen gleichzeitig krank waren und mir statt zwei Bürostunden zwei Stunden Vertretungsunterricht bevorstanden, nach denen mir ganz und gar nicht der Sinn stand, fielen mir die Turnkeulen im Gymnastikraum ein. Drei Kinder holen einen Korb voll Keulen herauf und einen Fußball. Wir kippen die Tische um, schieben sie aneinander, so daß ihre Schreibflächen ein offenes Viereck bilden – ähnlich der ‚Bande' beim Eishockey. Dann markieren wir auf dem Fußboden mit Kreide die Kegel-Standorte, stellen die Keulen auf, zeichnen eine Linie, die der Kegler nicht überschreiten darf, und wählen vier Mannschaften zu je sechs Kindern.

Nun geht's los. An der Tafel werden die Ergebnisse jeder Mannschaft spaltenweise untereinander geschrieben. Später wollen wir den Gesamtsieger ermitteln.

Nach und nach erfinden wir lauter Handicaps:

Der nächste Wurf zählt vierfach.
Der nächste zwölffach.
Zum folgenden Ergebnis dürfen 17 addiert werden.
Diesmal zählt nur die (gerundete) Hälfte.
Wir stellen 8 Kegel auf. Von jedem Wurf zählen drei Viertel, sieben Viertel ...
Das Anderthalbfache wird angeschrieben.
Alle Ergebnisse einer Mannschaft in diesem Durchgang werden miteinander multipliziert. (Au weia, da könnt ihr was erleben!)

Dieses Kegeln strengt im Kopf an. Da wir die Tische umgekippt haben, stehen an den Fensterbänken Kinder, die auf Schmierzetteln addieren, hocken auf dem Boden andere, die aufgeregt multiplizieren. Ergebnisse werden ausgetauscht, angezweifelt, verglichen, korrigiert. Die fähigen Rechner versuchen, Zwischenbilanzen im Kopf zu schätzen. „Wenn die jetzt unter hundert bleiben, haben wir wieder die Führung."

Dann erfinden wir das Tausenderwerfen ähnlich einem Würfelspiel, das wir im Schullandheim bis zum Überdruß spielten. Die Ergebnisse eines Durchgangs werden für jede Mannschaft als *eine* Zahl geschrieben; da es sechs Kinder sind: als sechsstellige Zahl. Vor jedem Wurf einigt sich die Mannschaft, an welche Stelle im Zehnersystem das Ergebnis geschrieben werden soll. Den Stars der Truppen wird natürlich die Verantwortung für die Zehntausender aufgebürdet. Sven, vermeintlich schwächster Werfer und darum in seiner Mannschaft für die Einer benannt, schafft alle Neune. Die Gruppe rauft sich die Haare: Hätten wir diese neun jetzt als Zehntausender! So aber werden sie als Einer verbucht.

Am Schluß werden alle Ergebnisse an der Tafel addiert.

Sechsmal zwei Dutzend bis zu sechsstellige Zahlen addieren: das gibt bei 24 Kindern einige hundert Ergebnisse. Noch einmal, aber nun mit weniger Hektik! Und nicht durcheinander, sondern alle Kinder jeder Gruppe errechnen das Ergebnis der Nachbargruppe. Es schellt: die beiden Stunden sind vorbei. Niemand geht. Erst müssen wir das Ergebnis haben. Matz, Kapitän der siegreichen Mannschaft: „So viel hab' ich noch nie gerechnet!“

„Hier finden wir auf einmal auch die Erklärung dafür, daß diejenigen Ereignisse viel besser im Langzeitgedächtnis behalten werden, die mit positiven Erlebnissen verbunden sind ... Angenehme Dinge können einfach wegen der mit ihnen verbundenen positiven Hormonlage weit vielfältiger assoziiert werden als unangenehme Ereignisse ... Und so mancher Lehrer und manche Eltern glauben im Gegenteil, ausgerechnet durch Streßfaktoren Erfolge erzielen zu können.“

Frederic Vester in: Denken, Lernen, Vergessen. Deutsche Verlags-Anstalt, Stuttgart 1975, S. 177 f.

Säckchenrechnen

In meiner Schublade liegen ein paar Bohnensäckchen: rechteckige Stoffbeutel von etwa zehn Zentimeter Länge, mit Bohnen oder Reis halb gefüllt. Kinder, die keinen Ball fangen können, haben mit den Säckchen nicht die geringsten Schwierigkeiten. Ursprünglich benutzten wir sie für allerlei Samstags-Spiele. Später eroberten sie auch den Unterricht, nachdem ich Ähnliches im Kindergarten gesehen hatte. Besonders in den immer wiederkehrenden Übungsphasen sind sie sehr willkommen.

Zwanzig Minuten lang haben die Zweitkläßler über einer Schreibaufgabe den Rücken gebeugt. Nun ist's aber genug. Sie schütteln die steif gewordenen Arme.

Auf dem gemeinsam festgelegten Programm für heute stehen noch einige weitere anstrengende Vorhaben. Am liebsten würde ich die Kinder nun für eine Weile auf den Hof schicken. Aber in zwanzig Minuten beginnt ohnehin die große Hofpause für alle. Selbst, wenn wir nun den Lerngegenstand möglichst radikal wechseln: Jetzt brauchen die Kinder erst mal Erholung! Das ist die Zeit für die Bohnensäckchen.

Ich hole eines heimlich aus der Schublade. Noch räkeln sich die Kinder, einige gähnen, Hansi steht auf und stelzt umher, weil ihm der Popo „eingeschlafen" ist. Es wird laut.

Plötzlich rufe ich: „Sieben plus neun!" Ehe sie begriffen haben, was ich vorhabe, fliegt das Säckchen auf Annette zu. Sie fängt erschrocken, blinzelt. „Sechzehn!" Sie wirft das Säckchen zurück.

Im Nu sind die Kleinen hellwach, gespannt, aufgeregt. Hansi sitzt wieder.

„Dreimal die fünf!" Das Säckchen saust auf Arndt zu. „Fünfzehn!" Schwupp, habe ich es wieder.

„Das Doppelte von fünfzehn!"

Diesmal stehe ich mit dem Rücken zur Klasse, warte eine Zeitlang und werfe dann über die Schulter. Kreischen zeigt an, daß sich einige Kinder um den Beutel balgen.

„Dreißig!" ruft Jutta, Siegerin der Balgerei.

Marion träumt vor sich hin. Den Lärm um sie her nimmt sie anscheinend nicht wahr. Da ich durch viel Übung inzwischen ein ziemlich guter Bohnensäckchenwerfer geworden bin, will ich Marion wecken. Kleine Scherze gehören zum Spiel. „Dreißig verteilt an sechs!“ Ich werfe das Säckchen hoch über Marion. Senkrecht fällt es auf sie hinab, platsch! unmittelbar vor ihr auf die Tischplatte. Sie schrickt zusammen.

„Fünf“ flüstert Simone ihr zu. Sie, immer noch verdaddert: „Fünf!“ „Fünfmal die fünf!“ Ich warte ab, sehe, wie es in den Köpfen arbeitet. Diese Zeit muß ich ihnen lassen, denn ich will sie ja alle an die Arbeit kriegen. „Fünfundzwanzig!“

„Von welchem Mädchen hat Arne geträumt?“ heißt die nächste Frage. Sven fängt. Sofort wirft er zurück.

„Simone!“ kräht er.

Die Kinder kreischen vor Vergnügen. Tatsächlich, die beiden sind gestern Hand in Hand zur Schule gegangen! Im Vorbeigehen habe ich das zweite Säckchen aus der Schublade gefischt.

„Viermal die fünfundzwanzig!“ Plötzlich fliegt nach jeder Seite ein Säckchen. Jubel zeigt an, daß die Aufforderung verstanden wurde.

Vier Minuten sind vergangen. Wenn's nicht langweilig werden soll, ist ein Wechsel fällig: „Ohne mich!“

Nun stellen die Kinder einander Aufgaben. Fix habe ich das zweite Säckchen aus dem Verkehr gezogen, weil es sonst ein Heidenspektakel gibt.

Wer ein Ergebnis nicht weiß, ruft „Schlabbeldibapp!“ und wirft das Säckchen zurück. Ich achte darauf, daß er wenig später eine zweite Aufgabe erhält, die er lösen kann.

Dieses Spiel ist für jedes Kind ein Mißerfolgsspiel, das nicht mindestens einmal drankam. Ich wache darüber, daß niemand leer ausgeht. Weil das in großen Klassen schwierig ist, gehe ich sogar systematisch vor, ohne daß die Kinder es merken: Das Säckchen fliegt nacheinander an die vier Ecken des Tischgevierts, danach jeweils an das rechts neben dem Eckplatz sitzende Kind usw. Weitere drei Minuten später höre ich auf, sonst ist der Muntermach-Effekt verloren.

Rechnen mit Musik

Als bei uns die Cuisenairschen Zahlenstäbe als Anschauungs- und Arbeitsmittel eingeführt wurden, stieß ich sehr bald auf Schwierigkeiten: Für einige Kinder verband sich zwar mit dem jeweiligen farbigen Stab die dazugehörige Zahl, nicht aber die Menge. Man hätte also die Aufgaben immer gleichzeitig mit Einerklötzen auslegen müssen. Das aber war erstens sehr zeitaufwendig, und zweitens reichte dazu häufig nicht die Anzahl der vorhandenen Einerklötze. (Sie gehen auch am schnellsten verloren.)

So entstand das ‚Zähl-Lege-Spiel'. In unserer Klasse war ein Klangstab eingeführt, dessen Anschlagen sehr schnell Ruhe in die Klasse bringt. Diesen Stab setzte ich nun im Mathematikunterricht ein: „Hört zu! Ich schlage jetzt mehrere Male auf den Klangstab. Ihr zählt ‚im Kopf' mit und legt den entsprechenden Zahlstab auf den Tisch!"

Vom ersten Tage an war ein dreifacher Effekt zu beachten:

– Alle Kinder machten freudig mit.
– Jedes mußte sich konzentrieren, um die richtige Menge der Töne zu erfassen.
– Mit den Farbzahlstäben verband sich allmählich auch die zugehörige Menge.

Wir variierten dieses Spiel. Kinder durften mit dem Klangstab die Zahlen angeben, die gelegt werden sollten.

Aufgaben wurden gelegt: Ich schlug die erste Zahl an, sagte nach einer kurzen Pause „plus" oder „minus", die Kinder legten, verglichen und durften das Ergebnis mit dem Klangstab bekanntgeben.

Erhöhte Konzentration erforderte es, wenn ich nicht „plus" und „minus" angab, sondern bestimmte: „Für ‚plus' nehme ich einen helleren Ton und für ‚minus' einen dunkleren." So schlug ich für die Aufgabe 7 – 3 siebenmal das G an und nach kurzer Pause dreimal das tiefe C. Entsprechend 7 + 3: siebenmal das G und dreimal das hohe C.

Dabei half uns, daß wir vom ersten Tage an mit Klangstäben umgegangen waren und alle Kinder ‚helle' und ‚dunkle' Töne unterscheiden konnten.

Natürlich wurde dieses Spiel - wie alle Lernspiele - nicht täglich und jeweils nur kurze Zeit eingesetzt. So blieb es lange Zeit bei allen Kindern sehr beliebt und hat wohl bei manchen zur besseren Mengenvorstellung beigetragen. Eines hat es ganz gewiß bewirkt: Rechnen hat Spaß gemacht.

Ursula Bussemer

Pferderechnen

Möglichst fünf bis zehn Minuten Kopfrechnen täglich halte ich für wichtig. Dazu kam mir irgendwann einmal folgende Idee für meine Erstkläßler:

Ich fragte sie: „Glaubt ihr, daß Pferde rechnen können?"

Darauf antworteten sie mit vielen Berichten über rechnende Pferde und andere Heldentaten anderer Tiere und mit vielen Protesten der Besserwissenden. Diese fragten wir dann, wie sie es sich erklärten, daß bei der Aufgabe 2 + 3 ein Pferd genau fünfmal mit dem Huf scharrt. Wir erfuhren einige Tricks: „Der Mann zwinkert mit den Augen, und sovielmal scharrt das Pferd!" „Er tippt mit dem Fuß auf den Boden." „Er wackelt mit der Nasenspitze." „Er steckt die Hand in die Hosentasche und wackelt darin mit einem Finger."

Ich: „Gut. Wenn ihr meint, das klappt, dann bin ich mal das Pferd. Wer ist der Dompteur?" Viel Geschrei. Das möchte jeder sein. Jörg kommt dran. Er würde *nie* vor der Klasse rechnen. Aber dies ist etwas anderes. Er kann gut mit der Nasenspitze wackeln. Darauf muß ich mich konzentrieren. Er sagt: „Vier plus zwei!" und wackelt sechsmal. Ich scharre sechsmal mit dem Fuß. Großer Jubel. Ich bin fast sicher, daß alle Kinder mitgerechnet haben. Sie sind nämlich ungeheuer gespannt, ob das Pferd es auch richtig macht.

Schön ist an diesem Spiel, daß jedes Kind ohne Sorgen Dompteur sein kann, weil es nur die Aufgaben zu geben braucht, die es auch kann. Wenn ich oft genug das Pferd war, spielen die Kinder miteinander. Herrlich ist es dann, wenn das Pferd klüger ist als sein Herr! Es möchte mehr oder weniger scharren, als ihm gezeigt wird, und gibt dem Dompteur verzweifelt Zeichen. Das ist vielleicht ulkig! Wir lachen uns schief.

Oft machen wir auch folgendes Spiel, das man bis ins 4. Schuljahr gebrauchen kann und das jedenfalls mehr Spaß macht als vulgäres Kopfrechnen. Es geht so: Alle Kinder halten die Hände unter dem Tisch und schließen sie zur Faust. Ich halte meine Hände hinter dem Rücken. Nun sage ich den Kindern, daß ich ihnen fünf (später mehr) Aufgaben vorrechne. Einige davon können falsch sein. Bei jeder falschen Aufgabe soll ein Finger ausgestreckt werden. Diesmal habe ich zwei Fehler dazwischengemogelt. Die fünf Aufgaben sind mit Ergebnis gesagt. Ich rufe: „Ende!“ und alle müssen ihre Hände hochheben. Einen spannenden Moment lang schaue ich mir sehr aufmerksam alle ausgestreckten Finger an – und hebe meine Hände hoch, mit zwei gestreckten Fingern. Großer Jubelschrei!

Das alles geht sehr schnell, alle rechnen mit, und es macht Spaß. Manchmal sind alle Aufgaben richtig. Dann gibts jedesmal etwas zu lachen, weil manche Kinder mogeln. Sie glauben jetzt, sie hätten falsch gerechnet und strecken auf gut Glück einen oder ein paar Finger aus.

Christa Lemmer

„Freude wollen wir Lehrer in verschwenderischer Fülle austeilen wie großmächtige, überreiche Krösusse. Wer hat uns selbst so reich gemacht? Das Seminar nicht, das hat uns arm, bettelarm entlassen. Zu den beiden Lebensschätzen Freude und Freiheit, die zur Arbeitsschule gehören wie Tau und Sonne zur jungen Saat, haben wir uns selbst verhelfen müssen, die meisten Seminare von dazumal hatten dafür kaum etwas übrig.“

Paul Georg Münch in: Freude ist alles! Leipzig 1922, S. 98

Wie Lesen Spaß macht

Die Förderung der Lesefreude hat Vorrang von nur verstandesmäßiger Auseinandersetzung mit Textinhalt, -aufbau und -art.

Freistaat Bayern: Lehrplan für die Grundschule, Weiterführendes Lesen, Vorbemerkung, Amtsblatt, Sondernummer 20/1981, S. 557

Moderner Unterricht geht von den natürlichen Verhaltensweisen und den Bedürfnissen der Kinder aus. Deswegen werden sie angeregt, sich aktiv an der Gestaltung des Unterrichts zu beteiligen.

Freie Hansestadt Bremen: Bald ist's soweit! (Faltblatt für Eltern, 1983)

Dieser Aufgabe (der Förderung des Aufbaus der Persönlichkeit) soll der Lehrplan der Grundschule dienen durch die Auswahl geeigneter Inhalte, Methoden, Organisationsformen und Arbeitsmittel, insbesondere durch die Betonung der Lernverfahren, die geeignet sind, Selbstvertrauen, Lernfreude und Kreativität zu stärken ...

Freie und Hansestadt Hamburg: Richtlinien für die Erziehung und den Unterricht in der Grundschule, 1973, 1.5

Schweige-Spiel

In Klasse 1 C sitzen 25 Kinder mucksmäuschenstill auf ihren Stühlchen. Durch die geöffnete Klassentür hören sie die trotzigen Schritte ihres Mitschülers Malte auf der Treppe. Dann das Läuten der Hausmeisterglocke, das Öffnen seiner Tür. Maltes helle Stimme hallt durchs Haus: „Herr Kanetzki, unser Lehrer ist explodiert!"

Die angestaute Spannung der lauschenden Kinder löst sich im Triumphgeschrei; des Hausmeisters Antwort ist nicht zu vernehmen. Malte kehrt mit gerecktem Kopf und schwingenden Armen zurück. Ich schreibe den nächsten Auftrag auf den Tageslichtprojektor. (Die Wandtafel tut's auch, ist aber weniger geeignet, weil ich dann beim Schreiben den Kindern den Rücken zukehren muß.)

GEH BITTE ZU FRAU VON DER DELLEN UND FRAGE SIE: IST HIER EBEN EIN ROTES AUTO VORBEIGEFLOGEN?

Ich schreibe langsam, benutze gelegentlich wortlos einen Papierstreifen als Leseschieber, indem ich ein schwieriges Wort durch Abdecken und allmähliches ‚Aufbauen' lesbar mache. Die Kinder lesen flüsternd mit.

Im Januar, als diese Spiele begannen, hatten sie noch laut gelesen, synchron zum Schreiben. Inzwischen ist es März, das Lesevermögen so weit gewachsen, daß alle Kinder unbekannte Texte erlesen können. Nun stört lautes Mitlesen, weil es dabei ‚Lese-Muezzins' gibt, die langsamere Kinder dazu verleiten, nicht selbst zu lesen, sondern nachzuschwätzen, was die Lautesten und Fixesten vorlesen.

Flüsterndes Mitlesen aber ist wegen der für viele Kinder höchst bedeutsamen sprechmotorischen Erlebnisse von allen gefordert. Die Kinder wissen: Sobald es laut wird, breche ich das Spiel ab. Weil ich am Anfang meine Drohung mehrmals wahr machte, ist es in der Klasse tatsächlich ruhig, bis nach erledigtem Auftrag wieder Gelegenheit ist, das Dampfventil zu öffnen und angestauten Druck lärmend entweichen zu lassen. (In einer temperamentvollen Klasse ist dieses Spiel Balsam für Lehrernerven.)

Das Spiel heißt ‚Schweige-Spiel' oder ‚Stummen-Spiel': Aufträge werden ohne jede mündliche Erläuterung schriftlich gegeben und ohne Rückfragen ausgeführt.

Andere Lesespiele sind auch beliebt. Keines aber ist beliebter als dieses. Selbstverständlich, weil die *Handlung* den Kindern Spaß macht. Aber vermutlich auch, weil die Kleinen hier am intensivsten ihren gewaltigen Lernfortschritt erleben: Vor einem halben Jahr waren wir noch Kindergartenkinder. Und jetzt spricht ein Lehrer mit uns sprachlos durch diese vor kurzem noch geheimnisvollen Zeichen – und wir antworten, weil wir ihn verstehen!

Da steht nun der Auftrag: GEH BITTE ZU FRAU VON DER DELLEN ... Aus taktischen Gründen wird der Name des Beauftragten erst am Schluß geschrieben. Würde er am Anfang stehen, könnte die Aufmerksamkeit der anderen Kinder nachlassen. Jedes Kind soll den ganzen Auftrag lesen, weil es damit rechnen muß, daß am Schluß sein Name erscheint.

Erwartungsvoll lesen die Kinder nun den Namen: PENNY.

Alle Köpfe wenden sich Penny zu: gespannt, wie sie reagieren wird; erleichtert, weil dieser Auftrag Selbstüberwindung verlangt; neidisch, weil nun Penny im Mittelpunkt steht und einen attraktiven Auftrag ausführen darf – und einfach neugierig, wie das Spiel wohl ausgehen wird.

Möglichst ausgefallene Aufträge sollen dazu beitragen, die Aufmerksamkeit zu erhalten. Zuweilen, wenn Kinder am nächsten Tag sich aller Albereien vom Vortag bis ins Detail erinnern, bin ich selber etwas peinlich berührt: Solchen Stuß habe ich veranstaltet? Ich höre dann im Geiste die Gespräche am Mittagstisch, wenn Kinder kopfschüttelnden Eltern von den „lustigen" Lesespielen erzählen. Es ist deshalb gut, diesen Punkt fürs nächste Elterngespräch vorzumerken.

Sind Eltern im Unterricht, werden Erläuterungen überflüssig. Anwesende werden selbstverständlich ins Spiel einbezogen. SETZ DICH AUF FRAU SEILERS SCHOß! (Prustend zeigen die ersten Kinder ihren langsamer lesenden Mitschülern an, daß sie verstanden haben.) MACH MIT FRAU WENDELER EIN TÄNZCHEN! (Ach du liebe Zeit, wie sich der Tom zierte!)

Freilich sind das lauter ‚Rosinen-Aufträge'; sie sind nicht in beliebiger Anzahl produzierbar. Von den ‚Rosinen' aber lebt das Spiel. Deshalb achte ich darauf, daß es nicht täglich stattfindet und daß jeweils nur zwei, drei ‚Rosinen' eingestreut werden. Attraktiv sind alle Aufträge, die eine andere Öffentlichkeit als die vertraute der Klasse herstellen, die also andere Lehrer einbeziehen, den Hausmeister, Straßenpassanten, Eltern, den zufällig im Haus anwesenden Schornsteinfeger, den arglosen Postboten, einen erschrockenen Papier-Lieferanten.

Andere Aufträge sind weniger attraktiv, aber immer noch viel interessanter, als in einer Fibel zu lesen: FÄHRT DA KLAUS MIT DEM ROLLER? Einige Beispiele mögen die Vielfalt solcher Anlässe verdeutlichen: STEIG AUF DEN STUHL UND KRÄH WIE EIN HAHN! - JULIA - HOCK DICH AUF DEN TISCH UND GACKERE WIE EIN HUHN! - SIMONE S. - MACH MIR ALLES NACH! (Der Lehrer hüpft, hampelt, grimassiert ...) - OLI - LAUFT AUF ALLEN VIEREN DURCH DIE KLASSE! - ANKA, CHRISTIANE, ARNE - LIES DAS WORT REGEN RÜCKWÄRTS! - ARNDT - MACH EIN GESICHT WIE HOTZENPLOTZ! - SVEN KL. - KOMMT NACH VORN UND SINGT HÄNSCHEN KLEIN. - ALLE MÄDCHEN. DIRIGENT IST - MICHAEL. -

Sehr reizvoll für die Kinder ist es, andere Klassen einzubeziehen. Die Kollegen der Parallelklassen können z. B. vereinbaren, die Stunde nach der großen Pause mit zehn Minuten Auftragsspiel zu beginnen und ihre Klassen mit Hilfe des Spiels miteinander kommunizieren zu lassen. Wer das nicht vereinbart, dem droht, was mir widerfuhr: „Muß das sein? Wir sprachen gerade so schön von Josef in Ägypten, da kamen zwei ‚reingeplatzt', die rissen den Hals auf und sangen HÄNSCHEN KLEIN!"

Jene Szenen, die auf Erwachsene klamaukhaft und auf Kinder lustig bis begeisternd wirken, nehmen die geringste Zeit des Spiels in Anspruch. Die meiste Zeit wird intensiv gelesen. Und was kommt dabei heraus?

- Lesen ist in solchen Spielen nicht mechanische Fertigkeit, sondern Sinnentnahme.
- Sinnentnehmendes Lesen muß Spaß machen. Wenn der mit Anstrengung gefundene Sinn Banalitäten wie den rollerfahrenden Klaus ergibt, besteht für die Kinder nur wenig Verlockung, sich dem schwierigen Prozeß des Sinnentnehmens zu unterziehen.

- Wenn Lesen Spaß machen soll, müssen es die Kinder von Anfang an sinnvoll gebrauchen: kommunikativ erleben können.
- Lesen muß geübt, geübt, geübt werden (und wenn dann noch Zeit ist: abermals geübt!). Jede Abwechslung ist uns willkommen.

P-Lesen

P – nicht pe, wie Sie wahrscheinlich gelesen haben, dieses p war für uns Anlaß zum Lachen – und Lesen zu üben.

Beim Vorlesen einer Geschichte irgendwann im zweiten Schuljahr ritt mich der Teufel. Plötzlich wurde aus einem ganz normalen Anlaut-p ein knallender, floppender Laut, aus den zusammengepreßten Lippen wie ein Flaschenkorken herausspringend. (Versuchen Sie es mal: P-eter! P-aul! Es geht auch, wenn P im Wort steht: Klap-pe, Schna-p-s ...)

Bei den Schülern zunächst ungläubiges Aufhorchen, verhaltenes Grinsen. Beim zweitenmal Kichern, Lachen, beim drittenmal endlich brüllendes Gelächter.

Jeder will es selbst probieren, viele lesen, alle durcheinander. Auf einmal haben wir eine Leseübung von einer Intensität, wie ich sie sonst selten erreichte.

Das p-Lesen hat noch eine ganze Zeit gehalten, wurde von den Kindern durch t-Lesen, k-Lesen, ... erweitert – und verschwand irgendwann in der Versenkung.

Jochen Grebe

> „Erziehung und Unterricht beruhen auf Liebe und Persönlichkeit, und beide lassen sich nicht kommandieren. Und wenn sich auch sämtliche Bureaukraten auf den Kopf stellten, Liebe und Persönlichkeit blühen nur in der Freiheit."
>
> *Heinrich Scharrelmann in: Weg zur Kraft. Hamburg 1910, S. 257*

Namen-Erfinden

Ulrich Bleidick nennt die Übung der Fertigkeiten, welche auf den eigentlichen Leselehrgang folgt, bei schwachen Schülern eine „Sisyphosarbeit". Das gilt für Kinder und Lehrer. Beide werden dieser unumgänglich nötigen Übungen deshalb schnell überdrüssig, und beide sind in Versuchung, sich vor ihnen zu drücken. Vermutlich sind viele der sogenannten „Legastheniker" Opfer solcher Drückebergerei.

Übungen in Spielform sind geeignet, Lehrern und Schülern immer wieder neuen Spaß zu machen.

Beim Namen-Erfinden sagen Kinder und Lehrer reihum Laute, die ein Mitschüler auf die Wandtafel oder auf den eingeschalteten Projektor schreibt. Was nicht artikulierbar ist, setzt sich nicht durch. „Ein neuer Name für Hausaufgaben!"

Klaus: „K."

Doris: „A."

Iris: „K."

Einige Kinder beginnen glucksend zu lachen, weil das Wort schön unanständig zu werden verspricht. Ich umgehe die Gefahr, im Schulbezirk ins Gerede zu kommen, indem ich ein weiteres A beisteuere: KAKA–. Am Ende wächst sich das zu KAKALUKU aus. Dieser Name gehört für diesen Tag zur „Geheimsprache" der Klasse 1C.

Schule wird zum Zungenbrecher SCHRIBLIBI, „Haltet-endlich-mal-den-Mund!" zu KAHI-KLATSCHI-PLATSCHI-BUM-BUM.

Am größten ist das Vergnügen, wenn Taufakte für allerlei Autoritäten anstehen: WAUMUTU und FIFIPOKU sind schwierig zu lesende Namen; da sie aber Lehrern gegeben wurden, werden sie während des Tages immer wieder einmal auf dem Projektor entziffert.

Der Verlagsvertreter war kaum an der Tür abgewimmelt, als wir begannen, einen Namen für ihn zu basteln. Erst SCH, dann L. Klingt ganz gut, könnte ‚was werden'! Mal sehen, was Malte, der Oberlümmel, sich einfallen läßt: A. Also SCHLA.

Man könnte etwas mit SCHLAFEN oder SCHLAGEN daraus machen. Doch Corinna will nun ein P haben, und ich mache gleich zwei daraus: SCHLAPP. Am Ende heißt der adrette Herr SCHLAPPKÜKÜ. (Hoffentlich kommt er so bald nicht wieder!)

Ob das Namen-Erfinden Spaß macht, hängt davon ab, für wie lustig die Kinder ihre neuen Namen finden. Das wiederum verlangt einige Geschicklichkeit beim Lehrer. Er muß im entscheidenden Augenblick sanft steuern: einen Laut verwerfen, einen anderen selber beisteuern.

Dieses Spiel ist weniger attraktiv als andere. Es sollte darum vorsichtig dosiert eingesetzt werden und nie länger als fünf bis zehn Minuten dauern.

Die oben genannten Namen sind Spitzenprodukte. Meist bleiben sie zweisilbig und sind weniger hübsch: PEPNE, ISTIO, KONKI ... Wenn aber für mich der Name KNIPPELOIO gefunden wurde, ist bei dieser Gelegenheit nicht nur etwas für die technische Fertigkeit des Lesens getan worden. Es wurde auch an dem Fundament gemauert, das mindestens zehn Schuljahre tragen muß und das gerade fürs Lesen oft zu schwach ausgelegt ist: Freude.

Lesen im Lehnstuhl

Der Lehrer nimmt die Bücher und gibt sie denen, die mit ihm zum Schranke gehen ... Der Geist des Lesens beginnt in der Stube zu herrschen ...

Jeder setzt sich, wohin es ihm einfällt: auf die Bank, auf den Tisch, die Fensterbank, den Fußboden oder in den Lehnstuhl. Die Mädchen setzen sich immer zusammen. Freunde oder Knaben aus demselben Dorfe, besonders die kleinen, die gewöhnlich besonders eng befreundet sind, sitzen immer nebeneinander. Wenn einer von ihnen sich in irgend einen Winkel setzt, kriechen die Kameraden, sich stoßend und drängend, zwischen und unter den Bänken hindurch und setzen sich zu ihnen. Sie sehen sich nach allen Seiten um, und es spiegelt sich soviel Glück und Befriedigung auf ihren Gesichtern, als ob sie nun auch ihr ganzes ferneres Leben zufrieden und glücklich sein müßten, nachdem sie hier Platz genommen. Ein großer Lehnstuhl, der zufällig in die Stube geraten ist, ist ein Gegenstand der Eifersucht für alle selbständigen Persönlichkeiten – für das Mädchen vom Hofgesinde, aber auch für die anderen.

Wenn einer sich in den Lehnstuhl setzen will, erkennt ein anderer diese Absicht schon an seinem Blick, und sie stoßen zusammen oder drücken sich umeinander herum. Der eine verdrängt den anderen, und der Sieger läßt seinen Kopf weit über die Lehne zurückhängen, aber auch er liest, wie die anderen, ganz in sein Buch versenkt.

Aus: Leo N. Tolstoj: Pädagogische Schriften Bd. 2. Diederichs, Jena 1907, S. 71 f.

‚Menschen und Sachen'

ist ein anspruchsvolles Buchstabier-Lautier-Spiel und kann ab Beginn des zweiten Schuljahres bis zu zwanzig Minuten lang gespielt werden. Es ist lustig, abwechslungsreich, ganz und gar unberechenbar und steckt voller Überraschungen.

In diesem Spiel sollen Namen von Kindern und Sachen gebildet werden, nicht indem einer allein lautiert/buchstabiert, sondern alle reihum jeweils einen Laut benennen. Am zweckmäßigsten ist es, wenn die Kinder im Kreis oder in Hufeisenform sitzen.

Alexandra: „Ein Kind in unserer Klasse mit A!" (Sie hofft auf ihren eigenen Namen.)

Meike neben ihr fällt kein Name ein. Mein Zeigestock (oder das Reissäckchen in der Hand der Kinder) wandert weiter zu Anka. Die denkt an sich und vermasselt Alexandras Konzept, indem sie „N!" sagt.

Alle Kinder haben den Wortanfang mitgedacht und flüsternd mitgesprochen: „AN."

Jetzt ist Michael dran. Er sagt: „Noch ein N!"

(Anka: „Nee!" Michael: „Doch!")

Oli: „E."

(Jetzt begreift Anka, daß auch ihr das Konzept vermasselt wurde: „Die mein' ich aber nicht!" Micha und Oli, grienend: „Wir aber!")

Am Schluß sagt Meike den letzten Laut und anschließend das ganze Wort: „E, Annette!" Sie darf nun fortfahren.

Manche Kinder machen sich einen Sport daraus, immer wieder für einen Namen den gleichen Anfangslaut zu fordern. Die Spielregel besagt nämlich, daß jedes Wort nur einmal an einem Tag genannt werden darf. Je öfter Namen mit A verlangt werden, desto mehr Mitspieler geraten ins Schwimmen.

Wird dieses Spiel nicht mit der ganzen Klasse, sondern mit einer leistungshomogenen Gruppe gespielt, kann es auch mal nach Punkten bewertet werden, und dann sind solche Tricks legitim. Im Klassenverband jedoch sind sie nicht erwünscht.

Meike fährt fort: „Ein Spitzname in unserer Klasse mit R." Weil die Kinder beim Raten in Sackgassen geraten, schalte ich den Projektor ein, Meike setzt sich daran und bietet durch Mitschreiben zu der im Spiel gegebenen akustischen und sprechmotorischen Hilfe nun auch die optische zur Unterstützung der anderen beiden. So gelingt es, das Ziel RÄUBERHAUPTMANN zu erreichen.

Bei Zweit- und Drittkläßlern ist dieses Spiel das beliebteste aller Lesespiele. Wenn Referendare, Studenten oder schulgewohnte Eltern anwesend sind, lohnt sich die Zweiteilung der Klasse (irgendein Klassenraum ist oft gerade frei – wenn nicht: das Lehrerzimmer).

Auch dieses Spiel übt, was in unseren ganzheitlichen Verfahren leicht zu kurz kommt, was aber dennoch Kernstück erfolgreichen Leseunterrichts ist: Durchgliedern und ‚Synthetisieren'.

Die Frage, ob man solche ‚Spiele' überhaupt Spiel nennen dürfe, da sie doch nicht zweckfrei sind, sondern ‚didaktisch kurzgeschlossen' seien, ist für mich ohne Nährwert. Die wichtigen Fragen heißen nämlich anders:

- Macht durch diese Spiele Lernen Spaß?
- Schaffen sie Übungsbereitschaft?
- Lassen sie Erfolg erleben, aus dem neue Übungsbereitschaft erwächst?
- Erlauben sie Üben in sinnvollen Zusammenhängen?
- Werden Kinder aktiv?
- Wird der Lernstoff in wechselnden Situationen und Formen wiederholt?

Diese Fragen entsprechen dem ersten halben Dutzend der von Karl Odenbach (Die Übung im Unterricht; Braunschweig [5]1969, S. 59) genannten Übungsgesetze. Ich meine, sie könnten mit Ja beantwortet werden.

Spiel aus Jaßnaja Poljana

Mit dem Schreiben pflegten wir es folgendermaßen zu halten: Die Schüler lernten gleichzeitig die Buchstaben zeichnen und erkennen, buchstabieren und Worte schreiben, das Gelesene begreifen und es aufschreiben.

Sie traten an die Wandtafel, zogen mit Kreide einen Strich, einer von ihnen diktierte, was ihm in den Kopf kam, und die anderen schrieben. Wenn ihrer viele waren, so teilten sie sich in mehrere Gruppen.

Dann diktierten andere der Reihe nach, und alle lasen, was die anderen geschrieben hatten. Sie schrieben mit gedruckten Buchstaben und verbesserten zunächst die falschen Silbenbildungen und Worttrennungen, dann die Fehler der Orthographie ...

Jeder Schüler, der es gelernt hat, die einzelnen Buchstaben zu schreiben, wird von einer Leidenschaft zum Schreiben ergriffen, und in der ersten Zeit sind die Türen, die Außenwände des Schulhauses und der Hütten, in denen die Schüler wohnen, mit Buchstaben und Worten vollgeschrieben. Einen ganzen Satz zu schreiben (wie z. B. den, daß sich heute Marsutka mit Olguschka geprügelt hat) – das macht ihnen ein noch viel größeres Vergnügen. Um diese Stunde zu organisieren, brauchte der Lehrer den Schülern bloß zu zeigen, wie sie es zusammen machen sollten, so wie ein Erwachsener Kinder irgendein Spiel lehrt. Und in der Tat verlief diese Stunde im Laufe von zwei Jahren, ohne daß sich etwas änderte, stets so lustig und lebendig wie ein gutes Spiel.

Aus: Leo N. Tolstoj: Pädagogische Schriften Bd. 2. Diederichs, Jena 1907, S. 71 f.

Wie wir mit dem Stundenplan umgehen

Da das Grundschulkind seine Umwelt zunächst nicht systematisch gegliedert wahrnimmt und erst allmählich nach fachlichen Gesichtspunkten differenzieren lernt, sollte der Unterricht überall dort, wo es sinnvoll ist, fächerverbindend und nicht streng nach Fächern isoliert erteilt werden. Darüber hinaus hat die Grundschule noch eine Fülle von nichtfachbezogenen Aufgaben zu erfüllen.

Schleswig-Holstein: Übersichten zu den Lehrplänen Grundschule, Entwurf, 1983, Vorbemerkung: Erziehung und Unterricht in der Grundschule

Die Stundentafel der Verordnung über den Bildungsgang in der Grundschule regelt die Zeitanteile der verschiedenen Lernbereiche. Die Zeitanteile sind als statistische Durschschnittsgrößen, bezogen auf das ganze Schuljahr, zu verstehen, nicht aber als Gliederung des Stundenplans im Sinne eines nach 45 Minuten strukturierten Fachunterrichts. Dies gilt auch für den Förderunterricht.

Nordrhein-Westfalen: Zweiter Entwurf der Grundschul-Richtlinien, 1983, 5.2

Der Grundlegende Unterricht der ersten und zweiten Jahrgangsstufe faßt die Unterrichtszeit für Deutsch, Mathematik, Heimat- und Sachkunde, Musik- und Bewegungserziehung und Kunsterziehung zu einem Block von 17 Unterrichtsstunden zusammen. Der Lehrer erteilt hier keinen stundenweise gegliederten Fachunterricht; er bestimmt die Dauer der Unterrichtsabschnitte und die Abfolge der Lerntätigkeiten in Rücksicht auf die Belastbarkeit des Kindes und nach didaktischen Erfordernissen.

Freistaat Bayern: Lehrplan für die Grundschule, 1981, 3.2

Wechsel hält frisch

Das Pausenschellen ist von Fachleuten erfunden und von zensierenden Unterrichtsbesuchern für sakrosankt erklärt worden. Fachlehrer sind gezwungen, Themen eines einzigen Fachs über 45 Minuten breitzuwalzen, und Prüfer verlangen das 45 Minuten lang zu sehen. Ich aber bin kein Fachlehrer. Ich kann dem Gesetz von der Erholung durch Wechsel in meiner Klasse Geltung verschaffen. Nur in den letzten Wochen vor der Entlassung der Viertkläßler betreibe ich Unterricht im Dreiviertelstundentakt, um sie dem kommenden Ungemach nicht gänzlich unvorbereitet auszuliefern. Sonst nie. In vielen Stunden wechselt der Lerngegenstand mindestens einmal, und möglichst radikal.

Wenn uns Eltern rechtschreibschwacher Schüler um Rat fürs häusliche Üben fragen, weil die in der Schule zur Verfügung stehende Zeit nicht ausreicht, erzählen wir ihnen, was wir von Übungsgesetzen wissen. Dazu gehört auch: Lieber oft kurze Zeit als selten lange Zeit üben. Jeden Tag zehn Minuten bringt mehr Erfolg als alle sechs Tage eine Stunde. Und: Eine ganze Stunde Pause zwischen zwei Einprägungs- oder Übungsphasen ist besser als eine halbe Stunde, eine halbe Stunde wiederum besser als eine Viertelstunde.

Und was tun wir selbst? Wir veranstalten 45 Minuten Rechtschreiben. Und dauerte die Schulstunde 73,5 Minuten, würden wir genauso willig 73,5 Minuten Rechtschreiben üben. Damit tun wir das Gegenteil von dem, was wir Eltern so beredt darlegen. Im Grunde wissen wir, daß 45 Minuten Rechtschreiben Quatsch sind.

Als mir das nach vielen Jahren allmählich klar wurde, wechselte ich nicht nur den Lerngegenstand während einer einzigen Stunde einmal oder gar zweimal. Ich tue das auch radikal.

Verschiedene Lern- und Übungsstoffe können einander nämlich durch die zeitliche Aufeinanderfolge stören. Wenn ich 20 Minuten Rechtschreiben üben und anschließend 20 Minuten im Sprachbuch arbeiten lasse, dann hemmen nachfolgendes und vorhergehendes Lernen einander, weil die Lerngegenstände ähnlich sind.

Darum lasse ich auf das Rechtschreiben lieber Rechnen folgen, und zwischendurch schiebe ich noch fünf Minuten Singen ein. Und wenn es sich anbietet, wechseln wir auch die Übungs- und Erarbeitungsform, indem wir das eine Mal frontal arbeiten und das andere Mal in Gruppen. Zwei der Gruppen schließlich quartiere ich, um „verschiedene Umstände" zu schaffen, in den gerade nicht benutzten Nachbar-Klassenraum ein.

Und wenn die Kinder nach 47 oder 78 oder ... Minuten wieder zusammenkommen, staunt Golo: „Mensch, ist die Zeit schnell vergangen!" Auch mir, Golo. Und mir ist wichtig, daß meine Arbeit kurzweilig ist, damit sie auch mir Spaß macht.

Wolfgang Metzger über Störungen durch die zeitliche Aufeinanderfolge

Die Stärke der Störungen hängt auch von der Art der Gegenstände und von den Umständen ab, unter denen gelernt wird. Erstens: Je ähnlicher die verschiedenen Lerngegenstände sind, mit denen wir uns kurz nacheinander beschäftigen, um so stärker stören sie einander gegenseitig, und zwar nach rückwärts ebenso wie nach vorwärts. Die Störungen sind zum Beispiel erheblich geringer, wenn man für zwei sprachliche Fächer nicht unmittelbar nacheinander lernt, sondern zum Beispiel Rechenaufgaben oder Geschichte dazwischen schiebt. Zweitens: Wenn man sich mit zwei Gegenständen kurz nacheinander, aber unter verschiedenen Umständen beschäftigt, stören sie einander erheblich weniger, als wenn sie unter gleichbleibenden Umständen aufeinanderfolgen ...

Aus: Psychologie in der Erziehung. Kamp, Bochum ³1976, S. 201 f.

Wir Bangebüxen

Den Stundenplan alter Art haben wir abgeschafft. Wir Lehrer verabreden untereinander, welcher Lehrer wann in welcher Klasse ist. In den ersten beiden Jahren gibt es Fachlehrer nur im Notfall, später für etwa ein Drittel der Gesamtzeit. Kleine Kinder brauchen keinen Lehrer, der sie montags, mittwochs, donners- und freitags in der zweiten Stunde Mathematik lehrt, sondern sie brauchen einen Menschen, der sie Vertrauen erleben läßt und individuelle Wertschätzung, und bei dem sie sich geborgen fühlen.

Auf dem Stundenplan steht, wann dieser Mensch mit ihnen zusammen ist. Steht da ein anderer Name, bedeutet das stets: Fachunterricht.

Der Klassenlehrer bestreitet den weitaus größten Teil des Unterrichts. Wann er was betreibt, ist seine und der Kinder Sache. Nur selten kann ein Gegenstand so sezierend präpariert werden, daß er in ein ‚Fach' paßt. Fast immer ist es Unfug, es zu versuchen.

Wenn Thomas ein Stück Basalt vom Sonntagsausflug in die Eifel mitbringt, sind wir frei, seinen Bericht anzuhören und zu erörtern, wann *wir* es wollen – nicht, wann der Stundenplan es will. Und wir sind frei, über den *Stein* zu sprechen und ihn zu untersuchen, nicht, ein ‚Fach' zu ‚haben'.

Wie entstehen eigentlich Steine? Wo hast du den gefunden? Wo liegt die Eifel? Wie kommt man dahin? Wie sieht es da aus? Verkauft Bärbels Vater in seinem Steingeschäft auch Basalt? Kann man mit Basalt Häuser bauen? Ist Basalt anders als andere Steine oder ist Stein gleich Stein? Wer hat sich bloß den Namen ausgedacht? Bedeutet er etwas?

Vieles weiß ich nicht. Ich bin doch kein Alleswisser! Wenn ich etwas nicht oder nicht genau weiß, erhalten Kinder den Auftrag, es herauszukriegen. Sie drängen sich nach solchen Aufgaben. Das steht nicht im Lehrplan? Allerdings nicht. Aber dafür macht es Spaß, und die Kinder lernen was. Wenn Thomas von seinen Steinen erzählt und wir über das Stück Basalt sprechen, uns vom Hundertsten ins Tausendste treiben lassen, Nachforschungen anstellen: Da sind alle mit Interesse bei der Sache, fragen, behaupten, überlegen, diskutieren, vermuten, schlagen nach. Da erfahren sie: Schule macht Spaß! Da kriegen sie nicht eines unserer wohlkomponierten Lektions-Menus vorgesetzt, mit Einheitsgeschmack und nach festen Regeln mit vorgeschriebenem Besteck zu verspeisen.

Und wenn Jutta und Christiane ihre Feindschaft so hingebungsvoll pflegen, daß immer mehr Kinder hineingezogen werden, haben wir Zeit und Gelegenheit zu sagen: „Nun wollen wir das mal in Ruhe besprechen." Die Frau Fachlehrerin und der Herr Fachlehrer wimmeln dann ab: „Wir haben sowieso nur vier Stunden in der Woche!" Wir aber haben Zeit, Gefühle wichtig zu nehmen.

Wenn einer von uns Geburtstag hat, feiern wir den. Vielleicht nur fünf Minuten. Vielleicht, wenn wir uns dabei erhitzen, dreimal, viermal so lange.

Wenn Jens sich den Arm gebrochen hat, erzählt er, und wir lassen uns anregen und erzählen mit, und damit es anschaulich wird, holen wir den Knochenkerl ins Tischgeviert.

Wenn die Pausenglocke schrillt, während wir gerade eine Szene aus ‚Emil und die Detektive' spielen, spielen wir weiter. Die Pause läuft uns nicht weg. Die holen wir später nach.

Vielleicht. Vielleicht auch nicht.

Den Stundenplan alter Art haben wir abgeschafft. Denn das Leben richtet sich nicht nach Klingelzeichen.

Das dürfen wir nicht? Wir doch. Und ihr auch. Ihr müßt es nur wollen. Wir Lehrer besitzen das Recht der ‚pädagogischen Freiheit', von der die Gelehrten sagen, sie sei der richterlichen Unabhängigkeit angenähert. Aber von dieser Freiheit machen wir keinen Gebrauch. Weil es üblich ist, auf Freiheit zu verzichten. Weil in manchen Schulen der pädagogische Unfug zur pädagogischen Norm wurde. Weil die pädagogische Freiheit unbequem ist. Weil man Verantwortung übernehmen muß. Und weil ein Vorgesetzter behaupten könnte, sie heiße bloß aus Versehen so und sei eigentlich nur eine methodische Freiheit. Weil ein anderer Vorgesetzter behaupten könnte, es gebe sie gar nicht: Weil wir Bangebüxen sind.

Spazierengehen

Welcher Lehrer stimmt kein Klagelied an über den Montagmorgen in der Schule? Erst recht, wenn seine Klasse aus Lernanfängern besteht und die vier Stunden überstehen müssen.

Auch mir ging es nicht viel besser, zumindest so lange nicht, als ich mich brav an die im Stundenplan angegebenen Fächer im Dreiviertelstunden-Takt hielt. Dabei hatte ich Zeit genug: Von den drei geplanten Sportstunden konnte ich wegen fehlender Halle nur eine oder zwei geben.

Ein Unterrichtsgang – Thema ‚Herbst' – in den nahegelegenen Stadtpark wendete das Blatt zu aller Gunsten.

Während ich sonst immer das Stöhnen der Mathe-Lehrerin hörte – sie unterrichtete in der vierten Stunde – ließ mich diesmal ihre Bemerkung „Was war mit Ihren Kindern los, die waren heute so lieb?" aufhorchen. Ich probierte es noch einmal, diesmal nur Spazierengehen ohne Herbstwaldbesichtigung, und wieder klappte der Unterricht danach besser.

Unsere Montagsspaziergehstunden wurden eine feste Einrichtung. Bei fast jedem Wetter marschierten wir 'raus, spielten auf dem Spielplatz, kletterten überall herum, schwätzten dabei, alberten, phantasierten, unterhielten uns ernsthaft, befragten uns, um mehr voneinander zu wissen. Lernzielorientierter Unterricht war das natürlich nicht, und nicht immer wurde der Unterricht danach leichter.

Aber ich habe viele Hände, die sonst nur zögernd aufzeigen, in meinem Arm gespürt, und Münder, die sich sonst nur schwerfällig äußern, standen nicht still. Auch von mir wollten sie mehr wissen, von meinen Kindern, ob auch die nicht immer gehorchen oder ihr Kinderzimmer ungern aufräumen oder wie es war, als ich zur Schule ging und und.

Wir lernten einander kennen, immer besser; nicht nur, ob Richard seine Hausaufgaben regelmäßig macht, ob Anke schön und richtig schreibt oder ob mein Unterricht interessant oder mal langweilig war.

Diese Stunde war natürlich nicht mit dem ‚Kopf', aber mit dem Herzen erlebte Zeit; für sie gab es keine festgelegten Inhalte, sie bedurfte nicht meiner besonderen Vorbereitung, auch eine Lernzielkontrolle konnte nicht angestrengt werden.

Verlorene Zeit war es gewiß nicht, denn die Kinder und ich haben einander kennengelernt, wie es im normalen Unterricht nie möglich gewesen wäre. Wir sind ehrlicher zueinander geworden, weil wir nicht nur das Gegenüber des Klassenraums erlebt haben, sondern das Nebeneinander, das Mitdrinsein.

Regina Thulesius

„Lokale, in denen mit jedem Klingelzeichen neue Nummern aufgezogen werden, nennt man Varietés ... In der alten Schule ging es ... in dieser Beziehung weit schlimmer zu ... Denn unter jedem Vergnügungsprogramm steht: „Änderung des Programms vorbehalten!“ Hätte aber ein Lehrer in der alten Schule unter den Stundenplan am Klassenschrank geschrieben: Änderung des Programms vorbehalten!, so hätte sich die vorgesetzte Behörde wohl den ersten und zweiten Vorhalt vorbehalten. Heute erlauben wir uns alle eine Änderung des Tagesprogramms. Denn Mittelpunkt unseres Unterrichts ist das Kind, das uns gar zu gern in unserem Präparationsbuch herumstreicht.“

Paul Georg Münch in: Freude ist alles! Leipzig 1922, S. 15

Auch eine Individualisierung

Wie beginnt für Kinder der Schulalltag? Mit dem gemeinsamen Absingen eines Liedes? Mit Gebet und „Amen, Setzen, Bücher 'raus!"? Wie bei Rekruten: „Guten Morgen, Kinder!" (Chor: „Gu-ten-mor-gen-frau-mül-la!") Oder einfach so: „In der letzten Stunde hatten wir ..."?

Das herkömmliche Anfangs-Zeremoniell ist durchweg eine frontale Unpersönlichkeit. Für viele Kinder ist es die Ouvertüre des Kommenden; in der klingt an, was der Tag bieten wird: Unpersönliches.

Manchmal, mittags, denke ich von einem meiner 32 Schüler: War der überhaupt da? Gelegentlich kommen Entschuldigungen für Schulversäumnisse, die mir gar nicht aufgefallen sind. So gering ist oft der persönliche Kontakt. Wie muß das auf ein Kind wirken, das persönlich angesprochen werden will, wenn der Lehrer den ganzen Tag lang kein persönliches Wort mit ihm wechselt, keinen Satz sagt, aus dem das Kind menschliches Interesse und individuelle Wertschätzung spüren kann?

Mit der ganzen Klasse freundlich umgehen: das ist sicherlich viel wert. Aber mit Petra ein paar persönliche Worte wechseln: das ist für die mehr.

Morgens ist eine Gelegenheit für die fortwährend geforderte Individualisierung gegeben. Ich mache die Runde im Tischgeviert und begrüße jedes Kind mit Handschlag. Manchmal ist mir das lästig. Meistens überwinde ich mich, es dennoch zu tun. Und manchmal muß ich aufpassen, daß ich nicht bloß ein Zeremoniell einführe.

Mit Victor habe ich kürzlich ein paar Worte über seinen Reitunterricht gewechselt. Heute morgen sagt er: „Gestern hab ich einen Weltrekord aufgestellt: Zweimal in einer Stunde vom Pferd gefallen!" Ich: „War das wieder der Niko?" Er: „Ja, genau, und beinahe hätt' er mich auch getreten!" Ich: „Aber Sport kannst du gleich mitmachen?" „Natürlich!"

Fünfzehn Sekunden. Sie werden Victors Schultag prägen. Er wurde vom Lehrer persönlich angesprochen, und er wird sich auch vom folgenden Unterrichtsgeschehen leichter persönlich angesprochen fühlen.

Später, nach der Hofpause, wird Michael an seinen Platz hinken, und ich werde sagen: „Du gehst, als hättest du auf Niko gesessen!“ Victor wird lächelnd dabeistehen und mitangesprochen sein.

Neben ihm Sven. „Guten Morgen, Sven!“ „Guten Morgen.“ „Wie war's gestern?“ Er kneift mir ein Auge. Wir verstehen einander: Er hat seine Hausaufgaben wieder ohne die Hilfe seiner Mutter geschafft. Fünf Sekunden hat unser Kontakt gedauert. Für Sven sind sie vielleicht besser investiert als die nächsten fünf Stunden.

Simone reckt den rechten Arm waagerecht von sich. Ich tue es ebenso, wir nehmen Maß, holen aus und schlagen klatschend unsere Hände ineinander. Sie hat das einmal erfunden. Nur wir begrüßen uns so. „Guten Morgen, Simone.“ Wieder fünf Sekunden.

Neben ihr Petra, das Rauhbein. „Na, du Pirat?“ Sie protestiert in gespielter Empörung. „Wie geht's dem Astel?“ frage ich. (Ihr Hund ist vorgestern von einem Auto angefahren worden.) „Och, der reißt sich dauernd den Verband ab.“

Nicht mit allen ergeben sich solche kurzen persönlichen Wortwechsel. Manchmal begrüßen wir uns nur und nennen einander mit Namen. Mancher Handschlag ist mir unangenehm. Doris streckt mir freudig ihre vom Lutschen noch nasse Hand entgegen, Hans muß sein Pfriemeln von Nasenabfall unterbrechen, und manche Hände sind unsympathisch kalt.

Fünf Minuten dauert es, bis ich meine Runde gemacht habe. Manchmal mehr, manchmal weniger. Die Kinder sitzen an ihren Plätzen, hocken in Grüppchen beisammen und schwätzen oder spielen noch in einer Ecke. Erst, wenn die Begrüßung beendet ist, gehen alle an ihre Plätze und setzen sich bereit.

In dieser Zeit werde nichts gelernt? Wie unwichtig ist das! Zeit, die für das Lehrer-Schüler-Verhältnis investiert wurde, trägt vielfach Früchte. Fünf Minuten für einen individualisierten Tagesbeginn sind mehr wert als eine Lesestunde mit einer gepflegt installierten Ziele-Batterie.

Gleitende Arbeitszeit für Kinder

Wenn es draußen besonders kalt oder naß ist, dürfen meine Schüler morgens in die Klasse, sobald sie kommen. Was ist das für ein Unfug, sie naß und frierend auf dem Hof stehen zu lassen, weil die Glocke erst eine Viertelstunde später schellt! Sie sollen nicht so früh kommen? Für dieses Argument wird Sven kein Verständnis haben, der die Wahl hat, um halb acht zu Fuß loszumarschieren und pünktlich an der Schule zu sein – oder zehn Minuten später von seinem Vater im Wagen mitgenommen zu werden und dennoch eine Viertelstunde zu früh zu sein.

Was erlebt Sven eigentlich, wenn er sich frierend in eine geschützte Ecke drängt und durch die Glastür die Lehrer lachend miteinander plaudern sieht?

An solchen Tagen verbringen meine Kinder die Zeit bis zum Unterrichtsbeginn lesend, plaudernd und mit Technikkästen konstruierend im Klassenzimmer.

Warum habe ich das jahrelang nicht getan? Zuerst bin ich überhaupt nicht auf den Gedanken gekommen. Es war eben nicht üblich. Dann, als ich von dem Beispiel einer Kollegin hörte, schien mir dies ein zu lästiges Verfahren.

Jetzt ist es mir nicht mehr lästig. Meist nämlich setze ich mich in dieser Zeit an meinen Tisch und schreibe ins Klassenbuch, wie es die Vorschrift befiehlt. Das scheint mir die bisher beste Gelegenheit zu sein, diese Arbeit als weniger widerwärtig zu erleben als sonst.

„Es geht nicht an, den Kindern zuzumuten, bis zum offiziellen Unterrichtsbeginn ruhig zu sein, ohne etwas tun zu können. Das ist nun einmal wider die Natur des Menschen schlechthin, schon gar der Kinder. Langeweile, Untätigkeit, Wartenmüssen führen stets zur Undiszipliniertheit, an der nicht die Kinder schuld haben, sondern der Lehrer, der sie warten läßt."

Walter Jeziorsky in: Selbstbildungsmittel in der Grundschule. Westermann-Tabu, Braunschweig [3]1971, S. 25

Tagesprogramm

Wenn wir einander morgens begrüßt haben, legen wir gemeinsam unser Programm für den Tag fest. Ich halte es für eine schlimme Gedankenlosigkeit, Kinder Tag für Tag nach Art der Schule lernen zu lassen, daß sie dem Willen des Lehrers ausgeliefert sind.

Natürlich gibt es auch Aufgaben, die der Lehrer vorbereitet hat, weil *er* sie für wichtig hält, obwohl die Interessen und Neigungen vieler Kinder nicht oder nur wenig entsprechen. Die meisten Kinder haben zum Beispiel kein Interesse am Rechtschreibtraining; schriftliche Multiplikation wollen sie zwar lernen, üben aber nicht ähnlich freudig.

Ich muß versuchen, im Tagesprogramm aller Interessen so gut wie möglich zu verbinden. So setze ich mich an den Projektor und beginne zu schreiben. Rechtschreibübung, das habe ich ihnen oft und ausführlich erklärt und das sehen alle ein, ist täglich nötig. Also: *Rechtschreiben.* Um etwas Vorfreude zu wecken, rege ich an: „Ich hätte mal wieder Lust zum ‚Fehlerschreiben'." Zum Rechtschreibtraining gehört Vorlesen, denn unser derzeitiger Übungstext stammt aus dem Buch ‚Das Eselchen Grisella' von Denneborg, und parallel zur Schreibübung wird täglich auch etwa zehn Minuten vorgelesen. Also: *Grisella.*

„Geschichtenschreiben!" ruft Sven.

„Singen!" verlangen mehrere Mädchen, und auch Jungen stimmen ein: „Seemannslieder!"

Jens verlangt: „Sport!" Dafür werden wir heute keine Zeit haben. Ich erkläre es ihm.

„Erzählen", sagt Anja. Mit Erzählzeiten in unserer Klasse ist es wie mit Geschäftsordnungsanträgen in Vereinen: Sie haben stets Vorrang. Also schreibe ich: *Erzählen,* frage aber zur Vorsicht, wer außer Anja etwas zu erzählen hat. Jule und Golo melden sich. Damit die Sache später nicht ausufert, schreibe ich ihre Namen ebenfalls auf. Die Rednerliste ist damit geschlossen.

Petras Arbeitsgruppe verlangt, von ihrem Forschungsauftrag berichten zu dürfen. Sie hatte herausfinden sollen, warum es immer wärmer wird, je tiefer man in die Erde eindringt und warum es auf hohen Bergen immer kälter statt wärmer wird, obwohl da die Sonne doch näher ist. Ich notiere den Wunsch.

Weitere Meldungen winke ich ab, weil ich heute - wie in den nächsten Wochen - keinen Tag ohne Sachaufgaben mit unserer Preistafel vergehen lassen möchte.

Nun steht auf dem Projektor unser Tagesprogramm:

Rechtschreiben
Grisella
Geschichtenschreiben
Singen
Erzählen
Forschungsauftrag Petra
Preistafel

Dies ist nicht des Lehrers Programm, sondern unser aller Tagespensum. Dann stimmen wir ohne Diskussion ab, womit wir beginnen und was wir uns für den Schluß aufbewahren wollen, als ‚Nachtisch'. Die Klasse beschließt: erstens Erzählen, siebtens Grisella lesen.

Also bitte!

> „Nach dem Lehrplan werden bis zum Mittag vier Stunden gegeben, oft aber werden es nur zwei oder drei, und zuweilen sind auch die Lehrgegenstände ganz andere, als sie der Lehrplan vorsieht ...
> Manches Mal sind Lehrer und Schüler so begeistert, daß die Lektion statt einer Stunde drei Stunden dauert. Es kommt vor, daß die Schüler selber schreien: ‚Nein, weiter, weiter!' und denen, die sich langweilen, verächtlich zurufen: ‚Wenn du dich langweilst, so gehe doch zu den Kleinen!'"
>
> *Leo N. Tolstoj in: Pädagogische Schriften, Bd. 2. Diederichs, Jena 1907, S. 8*

Fö

Die NRW-Stundentafel sieht 2-3 Wochenstunden „Förderunterricht“ vor, in der Praxis kurz „Förder“ oder „Fö“ genannt, der vorwiegend leistungsschwächeren Kindern zugute kommen soll. Meist wird „Fö“ an das Tagesprogramm angehängt. Dann kann man schon einmal hören, wie ein Kind ein anderes fragt: „Kommst du mit nach Hause oder mußt du noch ‚Förder‘ machen?“

Bei uns ist das anders. Förderunterricht gehört mit zu den begehrtesten Stunden. Warum? Es heißt bei mir nicht: „Du und du und du, ihr müßt morgen hierbleiben“, sondern: „Wer möchte hierbleiben?“ Fast immer möchten die meisten.

Wir haben uns allerdings auf die Höchstzahl 15 geeinigt und wechseln ab. Diejenigen, bei denen keine besonderen Schwierigkeiten aufzuarbeiten oder gerade keine besonderen Talente zu fördern sind, dürfen an einem Tisch Hausaufgaben machen. Das geht hervorragend, geräuschlos und mit gegenseitiger Hilfe für alle flott voran. Björn meinte neulich beim Heftezusammenklappen zu seinen Klassenkameraden: „Männer, jetzt fühle ich mich richtig frei!“

Ihm dieses Gefühl zu schenken, hatte mich nichts gekostet. (Wer sagt eigentlich, daß Fö nicht auch Spaß an der Schule erhalten soll? Und zweckentfremdet hatte ich den Förderunterricht auch nicht, denn dem Spaß an der Schule förderlich zu sein: ist das nichts?)

Regina Thulesius

Wie wir Gelegenheiten nutzen

Der Unterricht geht von den beim Kinde vorhandenen Erfahrungen und Erlebnissen, von seinen Erkenntnissen und Fähigkeiten aus.

Niedersachsen: Die Arbeit in der Grundschule (Erlaß des MK vom 7. 5. 1981, 3)

Entdeckendes Lernen hat seinen Ursprung im Neugierverhalten des Menschen. Es setzt immer bei einem Problem an, welches dem einzelnen Schüler wichtig erscheint und ihn anregt, es zu lösen.

Schleswig-Holstein: Übersichten zu den Lehrplänen Grundschule, Entwurf, 1983; Erziehung und Unterricht in der Grundschule, 6

Der Lehrer trifft die konkreten Entscheidungen in der Ausgestaltung des Klassenplans ...

Nordrhein-Westfalen: Zweiter Entwurf der Grundschul-Richtlinien, 1983, 5.3

Der gefächerte Unterricht nach dem Stundenplan wird von vielen Schülern als isolierte, unverbundene Veranstaltungsreihe erlebt ... Diese Isolierung aufzuheben, ist eine wichtige Aufgabe erziehenden Unterrichts.

Baden-Württemberg: Lehrplanrevision in Baden-Württemberg, in: Kultus und Unterricht, Heft 2/1983, 3., S. 12

Gelegenheit: Grippewelle

In den Wintermonaten fehlen erfahrungsgemäß oft Kinder wegen Erkältungskrankheiten. In diesem Jahr war es in meiner Klasse besonders schlimm: Während einer Woche fehlten mehr als ein Drittel der Schüler.

Was soll der Lehrer da im Unterricht behandeln? Einführung in ein neues Sachgebiet? Das bedeutet später viel Förderunterricht für die Fehlenden. Eine Inflation von Übungsstunden? Das läßt die Lernfreude auch der Eifrigsten sinken.

Eins aber spricht alle an: den ‚kranken Hühnern' Briefe schreiben.

Wir überlegen uns, was dem Kind als Lektüre wohl Spaß machen würde, und die Ideen und Vorschläge sind so zahlreich, daß sie für acht kranke Kinder kaum auszuschöpfen sind.

Da werden Kreuzwort- und Silbenrätsel gebastelt, Geheimschriften entwickelt (analog zur ‚Bi-Sprache' des kürzlich kennengelernten Ringelnatz-Gedichts), Ideogramme für ‚krank' und ‚gesund' entworfen, Bildergeschichten gemalt und um anschauliche Erzählung gebeten, Witze gesammelt und Lückentexte geschrieben.

Sowohl die Produzenten in der Schule als auch die Rezipienten im Bett haben nicht nur ihren Spaß, sondern entwickeln in dieser konkreten Situation eine besondere Sensibilität für das Spielen mit Sprache. Es versteht sich, daß der Lehrer mit dem Wortbestand der letzten Rechtschreibübungen hilfreich zur Seite steht.

Gisela Dick

Kette und Schuß

Jörg hat während meines wohlgesetzten Lehrvortrags ein Stück gewebtes Band aufgedröselt. Je weiter er beim Zerlegen der Faden-Strukturen fortschritt, desto interessierter hatte sein Freund und Tischnachbar Tommi zugesehen.

„Guck mal", flüstert Jörg, „die Fäden schlängeln sich."

Tommi nickt. „Das ist gewebt. Meine Schwestern haben einen großen Webrahmen. Die machen das mit dem auch so."

Jörg kommt zu mir: „Guck mal! Die Fäden gehen immer abwechselnd oben drüber und unten drunter."

Die Gelegenheit ist günstig. Ich verstehe nichts vom Weben. Dennoch werde ich das Thema auf der Stelle ansprechen. Die Kinder haben es besonders gern, wenn wir über Dinge reden, von denen ich wenig verstehe. Sie wollen zeigen, daß sie schon viel wissen und können. Kaum etwas beglückt sie mehr und spornt sie mehr an, als wenn sie mehr wissen und können als der Lehrer. Es macht ihnen auch Spaß, etwas herauszufinden, was der Lehrer tatsächlich nicht weiß - während er sonst zum Zwecke des Lehrens sein Wissen versteckt und als der allwissende didaktische Wanderführer die Kinder auf von ihm ausgesuchten Wegen zu nur ihm bekannten Zielen führt. Wenn er aber wie sie stutzt und fragt: dann macht Schule Spaß.

Schluß mit Schreiben! Hefte weg! Jörg hat ein Stück Band aufgedröselt!

Ich lege es auf ein weißes Papier und will es im Kreise herumzeigen. „Leg es doch auf den Projektor!" sagt Marion. Wieso bin ich nicht selbst darauf gekommen? Der Tageslichtprojektor wirft das Bild des zerfaserten Bandes an die Wand.

„Ganz einfach ein Stück gewebtes Band", sagt Iris fachmännisch. Viele Mädchen wissen Bescheid. Sie haben zu Hause Webrahmen.

„Sollen wir die mal mitbringen?" Ich sehe auf den Stundenplan. Morgen werde ich drei Stunden lang in meiner Klasse sein.

„Gut, bringt morgen mal eure Webrahmen mit. Aber mit einer begonnenen Arbeit darauf oder wenigstens mit Garn."

Petra meldet sich: „Kann ich einen Forschungsauftrag haben?"

„Wie soll er heißen?"

„Das überlege ich mir noch. Wir machen nämlich Bänder."

„Stimmt", bestätigt Nette, „die haben doch eine Weberei!"

In der Pause geht Petra an das neben der Tafel aufgehängte Stück Tapetenrolle, auf dem wir unsere ‚Forschungsaufträge' festhalten. Hier reklamiert sie für die ‚Forschungsgruppe' Petra und Annette „Herstellung von Bändern".

Am nächsten Tag stehen acht Webrahmen im Tischgeviert. Hinter jeden hockt sich die Besitzerin und beginnt zu weben.

„Laß *mich* mal!" sagt Jens zu Steffi.

Im Nu haben sich acht Kinder-Pulks gebildet. Sie wollen wissen, wie es zu dem Fäden-Arrangement gekommen ist. Die Weberinnen halten inne und lösen die Kettbalken. Sie zeigen, wie die Kettfäden gespannt werden. Die Kinder erfahren, daß ein ‚Schiffchen' durch die gespannten Kettfäden ‚schießt': ‚Kette' und ‚Schuß'.

„Nee", sagt Petra, „die Fäden heißen nicht Kette; die heißen Kettfäden."

Mehrere Jungen erklären den Unterschied für belanglos. Petra weiß es besser: „Kette ist, wenn die Kettfäden auf die Holzscheibe fertig aufgedreht sind. Ich muß das schließlich wissen. Ich hab doch den Forschungsauftrag!"

Der Lehrer kann sich zurückziehen und zuhören. Später werden wir die Begriffe an die Tafel schreiben.

Sven Meyer, Spezialist für Saurier, Steinzeitmenschen und anderes Vergangenes, kommt zu mir: „Ich war mit meinem Vater im Römisch-Germanischen Museum in Köln. Da waren auch ganz alte Germanen-Kleider. Die hat man im Moor gefunden. Waren die auch gewebt?"

Natürlich. Aber von germanischer Weberei weiß ich rein gar nichts. Ich werde Sven Literatur nennen, die er sich in der Stadtbücherei besorgen kann. Vielleicht habe ich sogar selber Passendes im Bücherschrank. Heute nachmittag werde ich mich um Fachliteratur für Sven kümmern. (Er wird sie nicht verstehen? Er wird! Und wenn nicht, wird er fragen!) Das wird die Zeit sein, von der Plan-Theoretiker meinen, ich hätte sie mit dem Ausdenken von Lehr- und Lernschritten zum Zwecke kunstvoller Lektions-Komposition zu verbringen. Sven wird einen eigenen Forschungsauftrag formulieren und ausführen. Wahrscheinlich wird er allein arbeiten wollen. Später werden Petra/Annette und Sven Meyer ihre Berichte erstatten und vorlegen, unser Kopiermeister Sven Kliem wird sie für jedes Kind kopieren, so daß sie in die Mappen eingefügt werden können. Aber bis dahin haben sich gewißlich weitere Folge-Aufträge ergeben. Wie gut, daß nicht jeden Tag einer ein Band aufdröselt!

„Ein systematischer Unterricht hat erst dann einzusetzen und gewinnt erst dann seine Berechtigung, wenn Gelegenheitsunterricht, der entweder von zufällig gebotenen Anlässen oder von vom Kinde selbst aufgeworfenen Fragen ... ausgeht, in reichem Maße vorangegangen ist.
Erst müssen zahllose Einsichten gewonnen sein, ehe man zu Übersichten kommt. Erst muß man Literatur kennen, ehe man Literaturgeschichte studieren darf ...
Aller erster Unterricht, den das Kind vor der Schulzeit erhält, ist Gelegenheitsunterricht. Was Vater und Mutter erzählen, was das Kind auf der Straße hört und sieht, was das Leben überhaupt jedem bietet, ist immer Gelegenheitsunterricht.
Dann aber kommt die Schule und will ‚planmäßig' vorgehen ..."

Heinrich Scharrelmann in: Erlebte Pädagogik. Hamburg und Berlin 1912, S. 179 f.

Instruktiver Gelegenheitsunterricht

Kein Lehrplan zwingt mich mehr, meinen Schülern unkindlichen Stoff aufzunötigen, kein Stundenplan schreibt mir vor, was ich in dieser oder jener Stunde tun oder lassen soll. In völliger Freiheit, die allein auf dem lebendigen Interesse der mir anvertrauten Kinder basiert, kann ich von dem goldenen Überfluß der Welt geben, was und soviel ich mag ...

Jawohl, ihr leidet geduldig weiter in den Fesseln, die euch von euren bureaukratischen Vorgesetzten geschmiedet wurden. Aber warum ertragt ihr unerträgliche Zustände? ... Setzt euch hinweg über dieses ganze Heer kleinlicher Vorschriften, die doch nicht wirken, was sie wirken sollen. Und – Hand aufs Herz! – ich weiß wirklich keinen Ausweg, als den einzigen: Folgt eurem pädagogischen Gewissen wenigstens in allen denjenigen Stunden, in welchen der Revisor nicht unmittelbar zugegen ist. In allen Stunden kann ja, Gott sei Dank, nicht revidiert werden ...

Heute morgen schneien mir in meinen Unterricht ein paar Tischler herein, die mit Ach und Krach einen schweren neuen Mahagoni-Bücherschrank ins Schulzimmer schleppen. Dieses Stück Leben übernahm die Fortsetzung meines Unterrichts ohne weiteres. Keines der Kinder blieb am Platze. Mit offenen Augen und Ohren sahen sie den Dingen zu, die sich da abzuspielen begannen. Die Traggürtel der Tischler, der Kasten mit Werkzeug, jede Bewegung der Handwerker, jedes Wort, das sie sprachen, wurde gierig gesehen resp. gehört.

Warum habt ihr den Schrank nicht umgekehrt, als er nicht durch die Türe wollte? Warum setzt ihr den Schrank so leise hin? Kann er nichts vertragen? Warum ist vorn eine Glasscheibe? Was ist in der Flasche? Was macht ihr hiermit und hiermit? Lachend über den Wissensdrang der Kinder versuchte der Tischler unter häufiger Anwendung von Fachausdrücken, die dann wieder neue Fragen auslösten, Antwort zu geben.

Dann sind sie wieder hinaus. Der Schrank wird von den Kindern wiederholt „begriffen“. Die tadellose Politur, das Zierwerk der Bekrönung, der neue Schlüssel, die verstellbaren Borten usw., alles wird besehen und befühlt. Ein besonderes Interesse erregt schließlich das saubere, blitzblanke Messingschloß. Jeder versucht den Schrank auf- und zuzuschließen. Und nun hebt wieder das Fragen an: Warum ist der Schlüssel hohl? Warum sind am Barte Zacken? Wie kommt es überhaupt, daß man mit dem Schlüssel schließen kann?

Nun geht's ans Studieren. Ein altes Schloß aus der Arbeitsstube wird geholt und geöffnet und besehen. Aha, so einfach ist es! Aber eine schöne Sache ist's doch! Wer hat das Schloß erfunden? Welche bösen Erfahrungen mußten erst gemacht werden, ehe einer auf den Gedanken kam, eine Türe zu verriegeln und abzuschließen? Vom einfachen Türriegel bis zum kompliziertesten Schloß am Geldschranke, das nur der Eingeweihte öffnen kann, führt ein endlos langer Weg des Nachdenkens und Verbesserns. Wir versuchten gemeinsam wenigstens die wichtigsten Etappen dieses Entwicklungsweges aufzuspüren. Wie könnte man dieses geöffnete Schloß noch sicherer machen? Wie verhindert man, daß eine geschlossene Haustüre von draußen geöffnet werden kann? Aus einer Frage kommen wir ungezwungen in die nächste hinein. Die Zeit eilt in reißendem Fluge dahin, niemand merkt etwas davon, denn wir haben dem Schlosserhandwerk neue, fruchtbare Anregungen zu geben.

Welcher Lehrplan hätte mir Gelegenheit geboten, eine solch anregende Stunde zu geben? – Das Leben ist der beste Lehrplan, ganz ohne Frage.

Heinrich Scharrelmann in:
Erlebte Pädagogik. Hamburg und Berlin 1912, S. 182 f.

> „Bis heute schränkt die Schule die Selbständigkeit der Kinder zu stark ein – in dem Sinne, daß sie sie zwingt, dem sauberen Weg inmitten der unberührten Schneedecke zu folgen. Jeder Wunsch, den Weg zu verlassen, sich umzuschauen und zu experimentieren ... wird von ihr vereitelt."
>
> *Célestin Freinet in: Pädagogische Texte. rororo, Hamburg 1980. S. 72*

Weihnachts-Kalender

Jedes Jahr haben wir einen Weihnachtskalender. In früheren Jahren waren es Papier-Häuser mit Fensterchen, die nach und nach von je einem Kind geöffnet werden durften. Dann brachte mich einmal die Werbesendung eines Buntstift-Fabrikanten auf einen anderen Gedanken: Wir sammelten ein Jahr lang die kleinen Werbegeschenke, die im Laufe eines Jahres im Schulbüro eingehen. Man wundert sich, was da alles zusammenkommt: Buntstifte, Füller, Prospekte, Zeitschriften, Bücher ...

Hauptstücke der Kollektion waren ein paar der von der Sparkasse spendierten roten Lehrerkalender, in die Schulmeister ihre Zensuren einzutragen pflegen.

Eines Tages im November begannen wir diskutierend, skizzierend und probierend das Problem zu lösen, diese Schätze in einem Weihnachtskalender unterzubringen.

„Dat geht bloß mit Tüten!" konstatiert Micha.

Andrea, spottend: „Tüten sind doch kein Weihnachtskalender!"

Warum eigentlich nicht? Warum soll man nicht eine Tüte von der Wand nehmen statt ein Türchen zu öffnen?

In den Köpfen der Einfallsreichen beginnt es zu arbeiten.

Arndt: „Ich frag' meinen Opa, der gibt uns Tüten aus seinem Geschäft!" Tommi protestiert. Er will „richtige Weihnachtstüten aus der Stadt mit Nikoläusen drauf und Tannenbäumen und so". Aber die kosten Geld. Sven meint, wir sollten uns unsere Tüten lieber selber machen. „Statt Mathe", meint Matthias. Damit hat die Partei der Selbermacher endgültig gesiegt.

‚Anton', der jeden Winkel der Schule kennt, kennt auch schon das geeignetste Papier: „In dem Regal im Werkraum liegt ganz viel goldene Metall-Folie!"

Eine Delegation marschiert zum Werklehrer. Der fragt mißtrauisch nach der benötigten Menge. Die Gesandten, zurückgekehrt, verkünden in ungebrochenem Eifer die während des Rückmarsches beschlossene Lösung: die Sache zu berechnen – „irgendwie".

Kinder stürzen an den Papierschrank, um sich Schmierpapier für die erwarteten umfänglichen Rechnereien zu holen.

Als wir zu diskutieren beginnen, vermehren sich die Probleme auf überraschende Weise: Wie groß sollen die Tüten sein? Welche Form sollen sie überhaupt haben? (Steffi will runde mit aufgeklebten Sternchen.) Wie viele soll es geben: eine für jedes Kind oder eine für jeden Dezember-Tag? Überhaupt: Wie sollen wir das Problem lösen, an 24 Tagen für 35 Kinder Tüten haben zu müssen? („Das sind doch gar nicht 24 Tage! Sonntag ist doch keine Schule, und jeden zweiten Samstag ist auch frei!" „Und am 22. fangen die Ferien schon an!" Schwierige Rechnereien mit dem Kalender stehen bevor.) Als die wichtigsten Fragen geklärt sind, stellen wir fest, daß wir die Menge nicht benennen können. Wir kennen nur Gewichte, Längen- und Zeitmaße.

Die Delegation marschiert erneut los und schleppt Folienrollen aus dem Keller an. Nun wird probiert. Matthias lernt bei dieser Gelegenheit, daß die Tüte nicht unbedingt so breit sein muß wie sein Lineal, sondern daß es wichtiger ist, keinen Verschnitt zu haben.

Wir rechnen, wie viele Meter Folie wir brauchen. Frau Rettberg, die Schulsekretärin, ermittelt auf Wunsch der Delegation telefonisch den Meter-Preis. Aus dem berechnen wir den Tüten-Preis.

Ein mühsam angestellter Überschlag ergibt: Die Summe wird erfreulich klein, wenn man sie auf 35 umlegt.

Voller Freude genehmigen wir uns noch ein Meter Silber-Folie (damit Steffi ihre Sternchen kriegt).

Nach heftiger Diskussion und mancherlei Versuchen beschließen wir, die Tüten mit der Heftmaschine zu heften. Zwei Stunden sind mit angestrengter Arbeit vergangen. Und was da alles gelernt worden ist! Wir haben gerechnet, gerundet und geschätzt. Probleme selbstbewußt angegangen und gelöst. Wir haben zugehört, durchgesetzt, nachgegeben, andere ausreden lassen und andere unterbrochen. Phantasiert, diskutiert und argumentiert; delegiert, improvisiert und umdisponiert, uns diszipliniert und emanzipiert.

Spezialbericht statt Aufsatzlektion

Eines Tages stand mein kleiner Schneidermann auf und bat, er möchte am Sonnabend zu Hause bleiben, er hätte Hochzeit, seine Tante würde in der Thomaskirche getraut. Weil Felix Schneidermann in seiner Vorfreude uns die Hochzeit gar lebendig schilderte, wurden meine Jungen neugierig, und wir beschlossen, eine Abordnung in die Thomaskirche zu schicken, die uns schriftlich Bericht geben sollte.

Die Thomaskirche ist von Connewitz fast eine Stunde entfernt, und die Kinder machten den Vorschlag, die Deputation von drei Mann mit der Elektrischen fahren zu lassen. Das gemeinsame Aufbringen des Fahrgeldes war eine äußerst wichtige Angelegenheit, denn jetzt war jeder Geldgeber sehr lebhaft an dem literarischen Unternehmen interessiert, jetzt hatte jeder das gute Recht, für seinen Sechser nun auch einen Aufsatz zu hören, der Hand und Fuß habe.

Nun die Frage: Wen sollen wir in die Thomaskirche schicken? Der Lehrer der alten Schule hätte natürlich die ersten drei nach der Rangordnung dazu ausersehen. Meine Jungen der Arbeitsgemeinschaftsklasse suchten sich ihre Leute nach andern Gesichtspunkten. Sie wählten den Hötzel, weil der den meisten Spaß mache. Als zweiten den kleinen Stoy, angeblich, weil seine Aufsätze immer am längsten wären. Bei ihm dauerte aber nur das Vorlesen gewöhnlich etwas länger, denn er stieß mit der Zunge an und stotterte ein wenig - das hörten sie gerne, die Schlingel! Sie konnten ja auch für ihr Geld schicken, wen sie wollten. Und als Führer der Gruppe wählten sie den Bernecker. Dessen Tante ist im Thomaskloster, einer kleinen Kneipe in der Nähe der Kirche, Kellnerin.

Diese freudig gespannte Erwartung, als am Montag früh die Hochzeitsdeputation in die Klasse eintrat! Dieses Stolzgefühl der ganzen Klasse: Jetzt hören wir den Aufsatz der von uns bezahlten Spezialberichterstatter!

Aus: Münch, Paul Georg: Freude ist alles! Leipzig 1922, S. 118 f.

Gelegenheit Glasbruch

Ein Unwetter hat den Säntis mit Neuschnee überschüttet, hat den Bodensee aufgewühlt und in unserem neuen Schulzimmer eine Fensterscheibe zertrümmert. Nun muß der Hausgärtner den Glaser ersetzen und eine neue Scheibe einsetzen.

Für die Kinder ist's wieder ein Fest. Was muß solch ein ungelernter Glasermeister alles wissen? Wie kommt es, daß der Diamant das Glas zerschneidet? Welche anderen Körper sind auch spröde? Was ist überhaupt Sprödigkeit?

Meine ganze Buchweisheit geht rettungslos in die Brüche solch „tiefen" Fragen gegenüber.

Redlich abgemüht haben wir uns, wenigstens einigermaßen eine Antwort auf alle diese Fragen zu finden. Und 9-12jährige Kinder waren es, die da beobachteten und fragten, und als dann die andere Frage auftauchte: Wie wird Glas gemacht? Da erzählte ich von der Erfindung des Glases durch den Zufall und führte andere Beispiele an, wie dieser genialste Lehrmeister der Menschheit sonst noch unsere Kenntnisse der Naturkräfte gefördert hat. Und eine auch „zufällige" Gedankenbrücke führt uns vom Schneiden der Fensterscheibe auf ihre Form und das Wesen des Rechtecks. Da habe ich einmal ein Stück lebendiger Geometrie erlebt. Und die neue Reißschiene, die für die Wandtafel angeschafft worden ist, wurde zum ersten Male von den Kindern mit Bewußtsein gebraucht. Welcher Geometrie-Lehrplan hätte uns so „zwingend" und so „überzeugend" zum Wesen des Rechtecks führen können?

Und Gelegenheit zu solchem Gelegenheitsunterricht, der tiefer Furchen zieht als der planmäßige Lehrplanunterricht der offiziellen Schule, ist überall und überall.

Heinrich Scharrelmann in:
Erlebte Pädagogik. Hamburg und Berlin 1912, S. 182 f.

Wie Lehrer, Eltern und Kinder zusammenwirken

Das Schulleben ist auf eine enge Zusammenarbeit mit den Eltern angewiesen. Diese darf sich nicht auf die gesetzlich vorgeschriebenen Mitwirkungsgremien beschränken. Die gemeinsame Verantwortung für die Erziehung der Kinder können Lehrer und Eltern nur dann wahrnehmen, wenn sie sich gegenseitig informieren und beraten und in der Gestaltung des Schullebens zusammenwirken.

Nordrhein-Westfalen: Zweiter Entwurf der Grundschul-Richtlinien, 1983, 3.3

Die gemeinsame Ausbildungs- und Erziehungsaufgabe, welche die Bildung der Persönlichkeit des Kindes zum Ziele hat, läßt sich nicht in Aufgabenteile zerlegen; sie ist vielmehr in einem sinnvoll aufeinander bezogenen Zusammenwirken von Eltern und Schule zu erfüllen.
Zu einem sinnvoll aufeinander bezogenen Zusammenwirken gehört vor allem, daß sich Eltern und Schule fortlaufend verständigen und abstimmen und mit solchen Kontaktaufnahmen nicht warten, bis Schwierigkeiten entstehen.

Rheinland-Pfalz: Landesverordnung über die Schulordnung für die öffentlichen Grundschulen vom 9. 5. 1978, § 20 (2) und (3)

Da die Eltern für das Kind die wichtigsten Erzieher sind, gehört es zum Auftrag der Schule, mit ihnen regelmäßig Verbindung zu halten.

Schleswig-Holstein: Übersichten zu den Lehrplänen Grundschule, Entwurf, 1983; Erziehung und Unterricht in der Grundschule, 16

‚Elternabend' mit Kindern

Kinder sind in unseren Schulen zu sehr Schüler: Zu oft und zu ausschließlich sind sie Objekte der Erziehung. Sie sind nicht einmal da Partner, wo es mühelos möglich ist. Sie wissen nicht, warum sie dieses tun und jenes lassen sollen: Es ist eben so, und sie haben zu gehorchen. Ihre Meinung über Bohnenkeime, Fliegenbeine und Kopfrechnentricks dürfen sie sagen; ihre Meinung über den Schulalltag nicht.

Unsere Eltern-‚Abende' finden meist am Samstagvormittag statt. (Wir haben jeden zweiten Samstag Unterricht, damit es nicht zu viele ertragsarme fünfte und sechste Stunden gibt.) In dritten und vierten Schuljahren ziehen wir zwei- bis dreimal im Jahr die Kinder hinzu.

Eine starre Tagesordnung kann man da nicht aufstellen, wenn man nicht die Diskussion abwürgen will. Die Kinder äußern sich munter ‚querbeet'.

Bei dem Lehrer X macht der Kunstunterricht keinen Spaß: „Wir müssen immer malen, was er will. Und dann schimpft er, wenn man es falsch gemacht hat!" Immer mehr Kinder lassen wegen des Kunstunterrichts Dampf ab. Ich gelobe insgeheim, meinen Göttern einen Hahn zu opfern, wenn ich heil aus dieser Sache herauskommen sollte.

Zwei Väter schlagen vor, Fachlehrer, Klassenlehrer und beide Klassensprecher sowie zwei fachkundige Eltern sollten sich gemeinsam um eine Lösung kümmern. –

Kinder klagen: „Montags haben wir sechs Stunden. Dann kriegen wir viele Hausaufgaben. Aber mittwochs, wenn wir nur drei Stunden haben, kriegen wir wenig Hausaufgaben."

Wenn ich könnte, würde ich das leidige Dauerthema nur noch in Gegenwart von Kindern verhandeln. Die haben sie schließlich zu machen. Und sie stärken meine Position in der Diskussion, denn bei geringerem Elterndruck würde ich noch weniger Hausaufgaben geben, als ich ohnehin gebe. –

Frau S. lobt Kinder und Lehrer für das erste selbstgemachte Lesebuch, eine schlicht hintereinandergeheftete Geschichtensammlung. Frau S.: „Das halte ich für eine ganz außergewöhnliche Leistung." Herr W. stimmt ein: „Ich hab das meinem Bruder aus München gezeigt. Der hatte so 'was noch nie gesehen! Er will etwas ähnliches jetzt auch in seiner Schule anregen."

Andere Eltern klatschen Beifall. Die Kinder strahlen.

Was für eine windige Sache ist doch unser Motivationskonzept. Macht etwas, was Kindern Spaß macht und was bei Eltern ‚ankommt', dann seid ihr auf die Motivations-Verrenkungen nicht angewiesen!

Die kurze Szene am Samstagvormittag hat der Aktionsgemeinschaft Schüler-Lehrer wirksamere Impulse gegeben als alle schulmeisterliche Kunst. Die Kinder haben erfahren: Unsere Eltern freuen sich über unsere Arbeit, und diese Freude hat mit Zensuren nichts zu tun. Und auch für mich, den Lehrer, ist dieses spontane Lob vor der ganzen ‚Klassengemeinde' ein lange Zeit wirkender Ansporn. –

Nach dem Schwimmen haben die Kinder nasse Haare. Das ist besonders im Winter gefährlich. Als vor drei Jahren, in meinem letzten vierten Schuljahr, das Problem ebenfalls anstand, haben wir eine ‚Aktion' gestartet, damit uns die Stadt einen Münz-Fön installiere. Es war ein sehr langwieriger und sehr erfolgloser Kampf, in dem die städtischen Sachbearbeiter sich weder von meinen wohlgesetzten ‚Eingaben' noch von dem Gutachten eines Fach-Professors für Hals-Nasen-Ohrenkrankheiten beeindrucken ließen.

Diesmal führte uns Steffi auf den Weg der besten Lösung: „In der Metro kosten Föne ungefähr 20 Mark. Kann die der Schulverein nicht bezahlen?" Daraus wurde folgende Tat: Der Schulverein kaufte für 100 Mark vier Föne und einen Mehrfachstecker, und nach dem Schwimmunterricht betreiben jetzt jeweils zwei Mütter im Wechsel eine ‚Fönstube' im Lehrmittelraum. –

Kinder sind in diesen Gesprächsrunden nicht Objekte der Erziehung, in der schandbaren Kürzelsprache unserer Lerntechnokraten S genannt, sondern sie haben etwas zu sagen, ihre Meinung wird angehört und ernstgenommen, bewirkt etwas: Kinder gestalten ihren Alltag mit.

Und nicht zuletzt: Die gemeinsame Offenheit aller drei am Schulleben beteiligten Gruppen verhindert Heimlichkeiten, Gerüchte, Mißverständnisse, Unwillen und Konfrontation. Je mehr wir in gemeinsamem Gespräch in unseren Problemen rühren, desto sicherer verhindern wir Gärprozesse.

Eltern im Unterricht

Eines Tages im ersten Schuljahr faßte ich mir ein Herz und sagte den Eltern, sie dürften uns nun jederzeit im Unterricht besuchen. Wie sollte ich mit ihnen über ihre Kinder reden, wenn jeder nur seine Hälfte kannte: sie das Kind zu Hause, ich das Kind in der Schule?

Zuerst kostet das erhebliche Überwindung. Wer läßt sich schon gern in die Küche schauen, wenn da bloß mit Wasser gekocht wird?

Aber Eltern in der Klasse tragen nicht die turmhohe Kochmütze, welche manchen professionellen Besucher als Meisterkoch ausweist. Die denken nicht im Traum daran, dem Lehrer ähnlich schulmeisternd zu begegnen wie der seinen Schülern begegnet. Und Eltern wollen auch nicht jenen lektionistischen Kiki aufgetischt bekommen, der vielen fachkundigen Besuchern so wohl mundet, mit Modekräutern gewürzt und mit Einheitssoßen abgeschmeckt. Eltern wollen miterleben, wie ihr Kind in der Schule lebt, wie es an seinem Tisch sitzt, wie es spricht und mit wem, wann es stillsitzen muß und wann es umherlaufen darf, wie Lehrer und Kinder miteinander umgehen, wie der Lehrer das macht, daß Kinder etwas lernen. Eltern möchten wissen, was von den Erzählungen am Mittagstisch Dichtung und was Wahrheit ist.

Als ich gemerkt hatte, daß Eltern nicht jene ewig unzufriedenen und besserwisserischen Besucher sind, die sie in meiner Fantasie gewesen waren, fiel es mir leichter. Aber immer noch dauerte es mehrere Monate, bis ich mich ungezwungen geben konnte. Zuerst bewegte ich mich steif, meine Stimme war belegt, meine Augen übersprangen die Eltern, damit die ja nicht den Eindruck gewinnen könnten, ich blicke sie beifallheischend oder gar unsicher an.

Aber je öfter Eltern im Unterricht zu Gast waren, desto mehr schmolzen diese Schwierigkeiten. Immer selbstverständlicher bezog ich Eltern als Gäste in den Unterricht ein, und das taten die Kinder erst recht. Eltern setzten sich zu uns in den Kreis,

Wilhelm Lamszus über Elternbesuche im Unterricht

Es lag ganz in der Psychologie des preußischen Beamten, vor der Mitarbeit der Eltern Angst zu empfinden, sich zu bekreuzigen vor dem, was man als öffentlichen Unterricht forderte, weil er sich nun an Stelle des einen Schulaufsichtsbeamten 30 und 40 Polizisten dachte, die ihre Nase in seine pädagogische Küche steckten. Er hatte nicht so Unrecht, sich die Mitarbeit der Eltern zu verbitten. Denn wenn früher Vater oder Mutter einmal zur Schule kamen, so bedeutete es eigentlich jedesmal eine unangenehme Überraschung, und peinlich berührt sah der Klassenlehrer den unerwarteten Besuch im Rektorzimmer verschwinden ...

Diese Angst des Subalternbeamten vor dem Hause möge der Lehrer ein für allemal hinter sich werfen. Von dem Augenblick an, wo er die Eltern in die Schule holt und sie zur Mitarbeit heranzieht, hat er Freunde und Gehilfen gefunden. Jenes unsagbare Verhältnis zwischen Eltern und Schule, durchaus im Bilde der Schulkaserne, wo vor dem Portal der Posten steht, ist für immer verschwunden.

Aus: Der Weg der Hamburger Gemeinschaftsschule, in: Karsen, Fritz (Hrsg.): Die neuen Schulen in Deutschland. Beltz, Langensalza o. J. (1924), S. 44 f.

beteiligten sich an unseren Gesprächen, wurden bei Stillarbeit um Hilfe angegangen. Zuerst muß man viele *holen.* Sie sind aus eigener Kraft nicht in der Lage, die tiefe Kluft zu überwinden, die Schule und Elternhaus trotz aller wohlklingenden Reden seit jeher trennt. Es genügt nicht, Elternbesuche im Unterricht zuzulassen. Man muß sie *wollen,* muß oft gezielt und einzeln einladen.

Viele finden schnell Geschmack an der Sache. Sie kommen irgendwann zwischendurch, und erst nach einiger Zeit merke ich, daß da Frau Seiler bei einer Gruppe sitzt und Frau Schüttler bei einer anderen. Sie waren zufällig am Schulgebäude vorübergekommen und hatten „auf einen Sprung mal ‚reinschauen'" wollen. Ebenso unauffällig gehen sie wieder. Bei anderen Gelegenheiten, wenn uns Besucher nach Schluß einer Stunde verlassen, versäumen sie fast nie anerkennende Bemerkungen, loben, bewundern freimütig.

Und eines Tages stellt man erstaunt fest: Elternbesuche im Unterricht machen Spaß!

Elternsprechtag

Als Vater zweier Töchter habe ich nur zweimal einen Elternsprechtag erlebt. Das erstemal wäre ich am liebsten sofort wieder umgekehrt, als ich sah, daß in allen Fluren, wie Spatzen auf dem Zaun, Eltern an den Wänden entlang saßen, gedämpft miteinander redend, Angst und Unsicherheit verbergend. Ihre Majestät die Schule gewährte Audienz! Ich erlebte diesen Elternsprechtag als unwürdiges Ritual, inszeniert, mich Demut in meiner Konsumentenrolle zu lehren. Es dauerte, nebenbei, volle vier Stunden, bis ich die drei wichtigsten Lehrer gesprochen hatte.

Als sich beim zweitenmal das befürchtete Bild neuerlich bot, kehrte ich an der Tür wieder um. Seither habe ich es nie wieder versucht.

Eine Schule, die sich Eltern schlimmer als das Sozialamt präsentiert, hat nicht das Recht, von ‚vertrauensvoller Zusammenarbeit' zu reden. Wer weiß, daß er auf den Rat seiner Partner, der Eltern, ebenso angewiesen ist wie die auf seinen, bringt es einfach nicht mehr fertig, das übliche Audienz-Ritual beizubehalten. Wenn wir das Schulklima für die entscheidende Bedingung einer humanen Schule halten, können wir nicht alle halben Jahre einen Wettersturz zum Sprechtag herbeiführen. Wer Partnerschaft will, kann nicht Distanz zelebrieren.

In unserer Schule machen wir es anders. Wir schreiben den Eltern einen Brief, in dem wir Vormittags-, Nachmittags- und Samstagszeiten anbieten:

Sehr geehrte Eltern,
wie beim letzten Rundgespräch vereinbart, stehe ich Ihnen an folgenden Tagen für Einzelgespräche zur Verfügung:

Donnerstag,	4. Februar,	11.30 Uhr bis 14.00 Uhr
Freitag,	5. Februar,	15.00 Uhr bis 18.00 Uhr
Samstag,	6. Februar,	9.30 Uhr bis 12.30 Uhr

Bitte nennen Sie auf dem anhängenden Abschnitt einen möglichst großen Zeitraum, z. B.: Freitag, 15 bis 17 Uhr. Sie erleichtern mir die Einteilung, wenn sie mehrere Zeiträume nennen.
Ich werde Ihnen dann eine Gesprächszeit angeben. Bitte überlegen Sie schon jetzt, ob es nicht zweckmäßig wäre, Ihr Kind an dem Gespräch teilnehmen zu lassen.

Mit freundlichem Gruß
Ihr

usw.

Ich wünsche ein Gespräch am ___ zwischen ___ u. ___ Uhr
am ___ zwischen ___ u. ___ Uhr
am ___ zwischen ___ u. ___ Uhr

Name: ____________________

Nach einigen Tagen, wenn ich alle Zettel zurückbekommen habe, teile ich die Sprechzeiten ein. Ich bilde drei Zettel-Gruppen. Erstens die schwierig zu verplanenden, auf denen entgegen meiner Bitte eine einzige feste Uhrzeit genannt ist, zweitens jene, die mehrere Zeiträume enthalten, drittens den Rest.

Nun teile ich auf einem Zettel die gesamte Sprechzeit in 20-Minuten-Zeiträume ein:

Donnerstag, 11.30 Uhr
11.50 Uhr
12.10 Uhr usw.

Zuerst schreibe ich die Namen der schwierigsten Gruppe hinter die Zeit. Zuletzt die der leichtesten Gruppe mit den längsten Zeiträumen.

Jede vierte Zeit lasse ich frei, weil es erfahrungsgemäß immer wieder Gespräche gibt, für die zwanzig Minuten nicht reichen (und ich bin nun mal nicht fähig, solche Gespräche rigoros abzubrechen). Für die brauche ich solche Pufferzeiten. Brauche ich sie einmal nicht, habe ich eine willkommene Kaffee-Pause. Diese Einteilung ist in einem Viertelstündchen zu schaffen. Ich schreibe dann einfach die Gesprächszeit mit dickem Filzschreiber auf den unteren Zettel-Abschnitt und gebe ihn jedem Kind zurück.

Die unzumutbaren Wartezeiten werden so mühelos vermieden. Schwieriger wird die Sache, wenn – wie in manchen vierten Klassen – mehrere Lehrer Fachunterricht in einer Klasse haben.

„Erziehung kann letztlich nicht vorgedacht werden, sondern muß sich im Fragen, Abwägen und Handeln zwischen sich als vollwertig behandelnden Menschen ereignen. Diese Ereignisse sind erst dann ‚pädagogisch' zu nennen, wenn sie im Dienste des Kindes stehen. Dabei darf es sich nicht um eine ferne ... Zukunft handeln, sondern um die ‚Gegenwart' des Kindes. ‚Das Kind wird nicht ein Mensch, es ist schon einer.'"

Friedhelm Beiner in: Janusz Korczak ... Agentur Dieck, Heinsberg 1982, S. 29

Dann lassen wir die Eltern alle jene Lehrer nennen, mit denen sie sprechen wollen.

Wir haben es als angenehm, hilfreich und auch sachgerecht erfahren, wenn alle Beteiligten sich zu einem gemeinsamen Gespräch zusammensetzen. Für das muß man in der Regel eine halbe Stunde vorsehen.

Weil es nur wenige Zeiten in der Woche gibt, die für alle beteiligten Lehrer bequem sind, zieht sich so ein „Sprechtag" über drei Wochen hin.

Elternsprechtag mit Kindern

Meist empfehle ich Eltern, ihre Kinder zu den Beratungsgesprächen mitzubringen. Das setzt allerdings voraus, auf das steife Zeremoniell zu verzichten, mit dem sich Schule bei solchen Gelegenheiten oft als Behörde präsentiert.

- Matz hat sich angewöhnt, über jede Entscheidung haarspaltende Diskussionen zu eröffnen. Vater und Lehrer erzählen einander, wie sie das nervt. Matz sitzt dabei. Er verteidigt sich mit neuerlicher Haarspalterei. Wir legen ihm an Einzelbeispielen aus Schule und Haus dar, daß sich solche Spalt-Prozesse nur bei wichtigen Themen lohnen.

Das Verhalten des Jungen ändert sich von nun an drastisch. Solch einen schnellen Erfolg meiner Arbeit hatte ich selten erlebt. Ich vermute: Schon die Tatsache, daß Matz als Gesprächspartner ernstgenommen wurde, bewirkte einen Umschwung.

- Thomas mopst Mitschülern Geld. Sein Vater ist – wie ich weiß – voll moralischer Empörung. Mutter und Lehrer erörtern in seiner und des Kindes Gegenwart, was zu tun sei. Thomas erlebt sich selbst nicht als Sünder, der moralisch verurteilt und damit für weniger wertvoll erklärt wird, sondern er erfährt: Bei mir ‚läuft' etwas falsch. Das liegt nicht etwa an meinem schlechten Charakter. Sondern es gibt ganz einfache Gründe dafür, und da kann man etwas tun. Schuldgefühle werden abgebaut. Wir beschließen ein wöchentliches Taschengeld und einen Monatsfonds, der für bestimmte Gelegenheiten auf Abruf bereitsteht.

- Angela hat Schwierigkeiten mit dem Einmaleins. Kein Zweifel: Sie braucht zusätzliche Übungszeit zu Hause. „Immer wenn ich mit ihr üben will, ist sie verschwunden!“ klagt ihre Mutter. Angela knetet die Finger. Ich möchte mit ihrer Mutter auch nicht das Einmaleins üben. Darum schlage ich vor, ‚Heinevetters Rechentrainer‘ anzuschaffen, mit dem Angela selbständig arbeiten kann. Tagespensum solle sein, eine Platte ‚vollzurechnen‘. Die solle sie dann der Mutter zeigen. Angela selbst wird Buch führen und mir jeden Montag die ‚Bücher‘ offenlegen. Dafür gebe ich ihr Kopfpapier der Schule, damit sie die Sache wichtig nimmt. Damit wir das nicht im Gedränge alltäglicher Kleinigkeiten vergessen, trage ich für die nächsten acht Wochen in meinem Kalender an jedem Montag ein: Angela.

Eine Schule, in der nicht stets über die Köpfe der Kinder hinweg entschieden wird, in der Kinder an der Behandlung ihrer ureigensten Probleme beteiligt werden, so daß sie lernen, Verantwortung für sich zu übernehmen, ist wohl auf dem Wege, eine Kinderschule zu werden: nicht Lehranstalt, sondern Heimstatt für Kinder.

> „Wichtiger als die Frage nach dem Abhaken umfangreicher und zum Teil überflüssiger Lerninhalte ist die Frage nach der Entwicklung des Selbst von Kindern und Jugendlichen. Denn von der Selbst-Entwicklung hängt ab, wie sie sich in schwierigen Lebenssituationen zurechtfinden. Gemeint ist die Stärke des Selbstbewußtseins: Ich kann etwas leisten; ich kann mich mit Schwierigkeiten auseinandersetzen; ich kann mit anderen Menschen Beziehung aufnehmen. Und die Stärkung des Selbstwertgefühls: Ich bin etwas wert; die anderen akzeptieren oder mögen mich.“
>
> *Kurt Singer in: Maßstäbe für eine humane Schule. Fischer-Tabu, Frankfurt 1981, S. 161 f.*

Wie wir mit Gefühlen umgehen

Zentrale Aufgabe aller erzieherischen Bemühungen in der Grundschule ist es, jedem einzelnen Kind eine positive Selbsterfahrung zu ermöglichen, Geborgenheit zu vermitteln und das Gefühl des eigenen Werts zu stärken.

Niedersachsen: Die Arbeit in der Grundschule (Erlaß des MK vom 7. 5. 1981, 6.)

Die Gestaltung des Schullebens entscheidet mit darüber, ob die Grundschule als eine dem Kind freundlich zugewandte Institution erfahren wird, die auf die Kontinuität von Erfahrung und Lernen bedacht ist, in der sich Kinder glücklich und geborgen fühlen und in der sich Lernen in einer freien und befreienden Atmosphäre vollziehen kann.

Nordrhein-Westfalen: Zweiter Entwurf der Grundschul-Richtlinien, 1983, 3.3

Einen entscheidenden Beitrag zur Erziehung des Kindes leistet die Grundschule, wenn der Erziehungsstil des Lehrers geprägt ist durch ein hohes Maß an Zuwendung zum Kinde und durch die Achtung seiner Rechte ...

Freie und Hansestadt Hamburg: Richtlinien für die Erziehung und den Unterricht in der Grundschule, 1973, 1.16

Petra ist traurig

Die Kinder tollen auf dem Spielplatz. Eine Horde Mädchen schaukelt am Schwungseil, eine andere probiert am Achteck-Reck neue Kunststücke; Annette, Chris und Vici liegen am Becken und versuchen herauszufinden, was passiert, wenn man Mückenlarven am Luftholen hindert; Mini & Co. pleuzen Fußball, wenn sie nicht gerade mit dem Schiedsrichter Sven oder über ihn streiten. Petra sitzt abseits auf einem der Sitzklötze. Petra, das Rauhbein, die so barsch tut, weil sie so verletzlich ist. Ich setze mich zu ihr. Wir sagen nichts.

Die Mädchenhorde kippt kreischend vom Seil, und Mini schießt ein Tor. Aus einem geöffneten Fenster schallt der Gesang von Frau von der Dellens Klasse: „Der Mai, der Mai, der lustige Mai“. „Bist du traurig?“ frage ich. Petra nickt. Aber sie sagt nichts. Soll ich in sie dringen? Vielleicht wartet sie darauf. Vielleicht ist es ihr lästig.

Bei den Fußballern schreit Frank, er sei ohne Ahndung durch den Schiedsrichter „kaputtgetreten“ worden. Die Mannschaften streiten, ob eine symbolische rote Karte angemessen sei oder ob eine gelbe genüge. Eine Delegation, die mich in den Streit hineinziehen will, schicke ich zurück.

„Warum bist du traurig?“

Petra zuckt die Achseln und knetet die Finger.

Inzwischen meint Chris herausgefunden zu haben, daß Mückenlarven ohne Luft ‚kaputtgehen‘.

„Manchmal geht's einem besser, wenn man es anderen sagt.“ Petra antwortet nicht und hält den Kopf gesenkt. Plötzlich bricht es aus ihr heraus, anklagend, zornig fast: „Ich habe soviel Grund, traurig zu sein! Unser Astel (der Hund) ist tot, und meine Oma ist auch gestorben, und mein Opi ist so krank ...“

Ich weiß nicht, was ich sagen soll. Mit Phrasen will ich ihr nicht kommen. So halte ich den Mund.

Aus der Fußballecke tönt neuerliches Palaver. „Ich spring' in den Reihen und freue mich dabei“, tönt es aus dem Fenster. Ein trauriges kleines Mädchen und sein ratloser Lehrer sitzen am

Rande des Lärms beieinander. Der Lehrer überlegt, was er sagen soll. Petra wartet auf seine Äußerung. Vielleicht: „Ich bin auch traurig, wenn du traurig bist?“ Aber warum soll ich ihr etwas vormachen? Ihre Trauer rührt mich an. Aber ich trauere nicht mit ihr. Ich habe ein pädagogisches Problem, das ich nicht lösen kann. Ich sitze neben ihr als Pädagoge wie ein Arzt am Krankenbett. Plötzlich ist mir diese Rolle zuwider. Ich sage Petra einfach ehrlich, was ich fühle: „Ich hab dich gern.“ Ich stehe auf, lege ihr flüchtig die Hand an den Oberarm und gehe.

Die Mädchenhorde kippt wieder einmal kreischend vom Seil, und der Fußballer Mini wälzt sich wie ein Bundesliga-Profi am Boden. „Schon wieder einer kaputtgetreten!“ meldet Sven. Ich gebe dem Drängen nach und lasse mich zum Schiedsrichter ernennen.

„Das Bedürfnis nach Liebe und Sicherheit ... wird erfüllt, wenn das Kind ... in immer stabilen, dauerhaften, verläßlichen und emotional befriedigenden Beziehungen heranwächst. Seine Erfüllung oder Versagung sind entscheidend für die Entwicklung des Ichs ..., für das Bewußtsein, selbst wertvoll und für andere bedeutsam zu sein, und legen den Grund für alle späteren zwischenmenschlichen Beziehungen.“

Wilhelm Wittenbruch in: In der Schule leben. Kohlhammer, Stuttgart 1980, S. 110

Hilfe für Daniela

Schon zum zweitenmal kommt Daniela leise weinend von der Pause hoch. Ihre beiden Freundinnen sitzen mit abweisenden Gesichtern auf ihren Plätzen. Diesmal kann ich nicht mehr einfach darauf hoffen, daß Daniela sich ‚von selbst' beruhigt. Auch andere Kinder werden unruhig, weil Daniela ihren Kummer nicht mehr verbergen kann.

Während die Kinder ihre Hausaufgaben miteinander vergleichen, gehe ich zu ihr und frage, ob sie der Klasse und mir erzählen will, warum sie so traurig ist.

Der Klasse, nein, das kann sie jetzt nicht, schluckt sie, aber mir gegenüber kommt dann die ganze Qual einer Dreiergruppe heraus. Wenn sie mit Annette spielt, geht es gut, ebenso, wenn sie mit Susanne allein ist; sind sie aber zu dritt, so wird sie von beiden anderen ausgeschlossen.

Was für einen Rat soll ich ihr auf dieses Uraltproblem geben? Ich bitte sie, die Klasse um Rat fragen zu dürfen. Die Hausaufgaben sind eh begutachtet, und was soll die vorgesehene Lesebuch-Problemgeschichte, wenn ein Problem konkret in der Klasse besteht!

Kurz schildere ich, was Daniela bedrückt. Die Klasse erklärt sich sofort bereit, mit nach einer Lösung zu suchen. Stefan meint, da müßten wir aber auch Susanne und Annette hören.

Beide drucksen verlegen. Sie können sich auch nicht erklären, warum das so ‚läuft', bestätigen aber, daß Danielas Schilderung stimmt.

Eine Zeitlang versuchen die Kinder, durch vermutete Begründungen zu helfen. Wir merken aber, daß dies uns nicht weiterführt. Einige berichten, daß sie ähnliches erlebt haben und teilen Daniela mit, daß sie ihren Schmerz verstehen. Andere schlagen Susanne und Annette andere Verhaltensweisen vor. Petra hält es für das beste, noch jemanden in die Dreiergruppe aufzunehmen.

Die Ratschläge sind erstaunlich sachlich; moralisierende Appelle fehlen.

Als die Ideenflut nachläßt, fordert Orell Daniela und die beiden anderen auf, doch mal einiges davon auszuprobieren und dann der Klasse zu berichten, ob es nun ‚geht'.

Daniela strahlt zwar noch nicht wie sonst, aber sie lächelt Orell dankbar an und meint, sie wollten es probieren.

Sie weiß nun: Sie ist mit ihrem Problem nicht allein.

Gerhild Kirschner

Quatschimodo poposco

Ich habe Glück: Wenn ich mit Kindern zusammenbin, habe ich manchmal das Bedürfnis, albern zu sein. Diesem Bedürfnis gebe ich gern nach. Ich könnte mich auch ‚beherrschen', aber warum sollte ich? Nie bin ich fester eingebunden in die Gruppe der Kinder, als wenn ich mit ihnen albere.

Gestern morgen, draußen war's neblig und kalt, drinnen beinahe gemütlich und angenehm problemfrei, war mir nach Albern. Ich schritt mit gerecktem Rücken und würdevoller Miene aufs Klassenzimmer zu. Einige Kinder, die mich im Flur erwarteten, erkannten, daß ich ‚Großvaters Schule' spielen wollte. Aber Marc hatte noch nichts gemerkt. „Hast du meine Geschichte gelesen?" fragte er.

„Auf deinen Platz, Frielinghaus!" bellte ich ihn an.

Jetzt wußten alle Bescheid, spritzten auf ihre Plätze und stellten sich parat. Anka hielt mir die Tür auf, begrüßte mich mit einem Knicks, schloß die Tür.

Nun erforderte die Spiel-Konvention von mir, mit strengem Ton „Guten Morgen, Kinder!" zu sagen. Aber mir war nach Albern zumute. Die Kinder warteten stehend hinter ihren Stühlen auf meinen Gruß. In die gespielte Atmosphäre sittsamer Untertänigkeit sagte ich mit würdiger Miene:

„Quatschimodo poposco!"

Sie sahen mich verblüfft an.

„Pipiski schlabbeldibabbeldibapp?" fragte ich.

Jens fing sich zuerst. „Schnurzel-purzel!“ krähte er und verschränkte die Arme.

„Klappi-klappi! alta Lümmeli!“ herrschte ich ihn an.

„Aua-aua, wau-wau!“ tönte es zurück.

Nun ging's los! Die Kinder redeten durcheinander, erfanden krause Wortgebilde, Klangschlangen, Klangstricke, Klangsalate.

„Putschigerra pummelini!“ „Mini hatti Hosi macht!“ „Happuhuhu klingeling!“

Wißt ihr was, ihr Lieben? Jetzt setzen wir uns in unseren Tischkreis und erfinden Sprachungeheuer! Eine Minute Zeit zum Nachdenken. Ihr dürft auch flüsternd denken. Und dann reihum, wer ein Monstrum erzeugt hat!

Katrin: „Kikeriki-Kaka-Kiki-Koko-Kuckuck!“

Kläuschen: „Schimmelipumpswurzelsau!“

Als junger Lehrer traute ich mich nicht, derart leichtfertig mit Disziplin, Ordnung und Schulmeister-Autorität umzugehen. Aber als junger Lehrer hatte ich es auch nicht nötig und waren Kinder auf mein Albern nicht angewiesen. Da war ich jung und lebte mit ähnlich zukunftsfreudigem Schwung wie Kinder. Otto Friedrich Bollnow nennt das die „morgendliche Grundstimmung der Jugend“. Gott und dem Herrn Kultusminister sei's geklagt: Dieses „freudige Hineinleben in die Zukunft, ein Sich-freuen auf das spätere Leben“ (Bollnow) ist nicht mehr meine Grundstimmung, das „frische Erstlingsgefühl“ (Jean Paul) verleiht mir nur noch selten Schwung. Vater Herbart wußte schon, warum er vom Lehrer forderte, er müsse jung sein.

Aber ich habe Glück: Manchmal habe ich das Bedürfnis, den Deckel zu lüften und dem Druck der Lebensfreude nachzugeben. Oder sollte es gar kein Glück sein? Vielleicht muß man nur bereit sein, sich vom kindlichen „Gefühl des Morgendlichen“ anstecken zu lassen? Jutte fühlt sich von mir gekränkt. Jutte fühlt sich fortwährend von irgend jemandem gekränkt. Es ist unmöglich, dauernd den Ursachen nachzuforschen. Mehr noch: Es wäre Unsinn.

Mit Trauer-Schmelz in der Stimme sage ich: „Jutte?“ Sie sieht auf, ich sehe sie bittend an: „Alles klar?“ Noch schmollt sie, aber sie wird schon weich. Ich klimpere mit den Augendeckeln.

Sie muß lachen. Da strecke ich ihr fix die Zunge raus und schneide eine Grimasse.

Einige Kinder haben es gesehen und schreien vor Vergnügen. Sie üben sich sogleich auch im Grimassenschneiden. Ich suche mir einen Platz im Tischgeviert, um die Aufmerksamkeit von Jutte abzulenken. Und nun üben wir Grimassenschneiden.

Auf, ihr Lieben, Partnerarbeit! Katrin und Jule verschieben einander mit den Fingerspitzen die entgleisten Gesichtszüge. „Hier, die Mundecke muß so schräg oben bleiben, das sieht toll aus!" Und dann führen wir unsere Grimassen vor. Paarweise, wie wir sie übten. Dann dauert es nicht gar so lange. Nach jedem Paar klatschen wir Beifall.

Otto Friedrich Bollnow über die morgendliche Grundstimmung

Diese morgendliche Grundstimmung der Jugend ist auch für die Pädagogik von außerordentlicher Bedeutung und muß in ihrem Eigencharakter klar erkannt werden; denn sie stellt die unerläßliche Voraussetzung dar, auf der alle spätere Erziehung aufbauen muß und ohne die diese niemals gelingen kann ...

Diese Stimmung zu nähren und zu erhalten ist darum eine der elementarsten Grundforderungen an die Erziehung. Das ist natürlich für den jungen Erzieher viel leichter, ja er braucht sich vielleicht noch gar nicht bewußt darum zu bemühen, weil er selber noch von einem solchen zukunftsfreudigem Schwung getragen ist, durch ihn im Einklang mit den Kindern lebt und sie mit sich fortreißt ... Für den älteren Lehrer ist diese gedeihliche Atmosphäre sehr viel schwerer zu verwirklichen, weil dieser leicht aus seiner in dieser Beziehung sehr viel anders gearteten Gestimmtheit heraus zum Kind spricht und ihm von da her die jugendliche Unbefangenheit leicht als Leichtfertigkeit und Gedankenlosigkeit erscheint, die er durch seinen größeren Ernst zu dämpfen habe.

Die Pädagogische Atmosphäre. Quelle & Meyer, Heidelberg [4]1970, S. 32 f.

Nun plustert euch auf, ihr Pädagogik-Beamten. Ich weiß ja, daß nicht mal ihr ein ‚Curriculum Grimassenschneiden' erfinden könnt. Aber ich bleibe dabei: Unser Grimassen-Intermezzo war in jeder Beziehung (wirklich: in jeder!) wichtiger für uns als eine kunstgerecht abgespulte Lektion.

Jeder muß sich so verbrauchen, wie er ist. Auch jeder Lehrer. Ich bin nun mal so: Wenn ich mit Kindern zusammenbin, habe ich manchmal das Bedürfnis, albern zu sein. Damit, meine ich, habe ich Glück. Und laßt mich bloß mit eurer freudlosen Paragraphen-Pädagogik in Ruhe!

Polaroid-Poesie

Wenn ein Kind aus unserer Klasse weggeht, bekommt es von den Zurückbleibenden ein Poesiealbum geschenkt. Wir haben eine Klassenpflegschaftskasse, daraus wird das Buch bezahlt.

Auf die erste Seite schreibe ich einen kleinen Text und gute Wünsche. Auf die nächste Seite kommt ein Foto von dem betreffenden Kind mit mir zusammen in unserer Klasse. Auf die folgenden Seiten kleben wir je ein Gruppenfoto aller Jungen und aller Mädchen, und jedes Kind schreibt, oft mit einer kleinen Zeichnung, seinen Namen zu den Fotos.

Diese Buchgestaltung ist ein Teil unserer Abschiedsfeier. Am Tag der Verabschiedung nämlich erscheint eine Mutter (oder ein Vater) mit einer Polaroid-Kamera in unserer Klasse. Zuerst wird, nach einem gemeinsamen Lied, das sich das scheidende Kind aussuchen darf, feierlich das Album überreicht und ausgepackt. Danach kommt der große Augenblick der Einzelaufnahme mit mir, – und dann wird's lustig. Aufstellen zur Gruppenaufnahme! Diese zwei Gruppenfotos enthalten immer sehr viel von der Eigenart eines jeden Kindes.

Zum Schluß darf unser ‚Abschiedskind' die Reihenfolge der Namenseintragungen bestimmen und glücklich dabeistehen und zusehen, mit wieviel Liebe, Sorgfalt und Einfallsreichtum das erledigt wird. Fast immer gibt es danach noch eine Überraschung, sprich Leckerei, für die Klasse.

Christa Lemmer

Wie wir uns bei Streit verhalten

Jeder Schüler hat in der Schule das Recht auf freie Meinungsäußerung. Er soll lernen, seine Meinung frei, aber in Achtung vor der Überzeugung und den Rechten anderer zu vertreten.

Rheinland-Pfalz: Landesverordnung über die Schulordnung für die öffentlichen Grundschulen vom 9. 5. 1978, § 13 (1)

Seine erzieherische Bedeutung gewinnt solcher Unterricht dadurch, daß er die Kinder darin unterstützt, dem Anspruch der Sache gemäß und aufgabenbezogen zu lernen, eigene Bedürfnisse und Auffassungen auszusprechen, begründet zu vertreten und sich mit den Ansprüchen anderer auseinanderzusetzen.

Nordrhein-Westfalen: Zweiter Entwurf der Grundschul-Richtlinien, 1983, 2.2

Wenn der Lehrer sich selbst als Lernender begreift und wenn er bereit ist, seine Auffassungen in Frage stellen zu lassen und sich zu korrigieren, verstärkt er seine Wirkung als Erzieher.

Freie und Hansestadt Hamburg: Richtlinien für die Erziehung und den Unterricht in der Grundschule, 1973, 18

Sag ihm: Pfui!

Als ich noch jeden Streit von Kindern zu schlichten versuchte, war ich täglich in mehrere Auseinandersetzungen verwickelt. Weil ich für die Idee des Friedens eintreten wollte (Wolfgang Borchers: „Als sie zwölf waren, schlugen sie sich mit Stöcken und warfen mit Steinen. Als sie zweiundzwanzig waren, schossen sie mit Gewehren nach einander ...“), nutzte ich jeden Streit für meine friedenstiftenden Bemühungen. Es war eine Arbeit ohne Ende. Ich hielt meine Klasse für besonders schwierig und merkte nicht, daß erst mein dauerndes Eingreifen Streit populär machte. Nach einigen Jahren mischte ich mich nur mehr ein, wenn ich aufgefordert wurde. Aber auch das war eine Arbeit ohne Ende. Fortwährend kamen Kinder und führten Klage über andere: Bä, der hat mich ... Bä, der hat zu mir gesagt ...

Wer sich zum Schiedsmann aufwirft, muß gerecht urteilen. Wer gerecht sein will, muß die Fakten kennen. Wer die Fakten kennen will, muß alle Parteien hören, Nebenkläger inclusive.

Damals begann ich das Gebot durchzusetzen: Die Prozeßbeteiligten reden abwechselnd. Wer dem anderen ins Wort fiel, wurde von mir angepfiffen. Da ging es bald in munterer Gegenrede hin und her. Die Kinder lernten dabei, andere selbst bei haarsträubenden Verdrehungen ausreden zu lassen, auf Argumente einzugehen, ihre Interessen so geschickt wie möglich zu vertreten. Ich lernte dabei, daß es eine einzige Wahrheit bei Auseinandersetzungen fast nie gibt.

Wenn Bate dem Hinni zwei Finger in die Nase rammte, ist Hinnis Klage sicherlich berechtigt, denn schließlich blutet seine Nase. Aber Bate kann darauf verweisen, daß Hinni ihn zuvor unterm Tisch zweimal „ganz gemein“ vors Schienbein trat. Das erstemal, verteidigt sich Hinni, sei es Zufall gewesen. Und überhaupt habe er Bates Bein nur „gestriffen“. Aber der habe ihm als Antwort gleich den Ellbogen in die Weichen gestoßen. In der Gegend habe er eine Operationsnarbe, und das wisse Bate ganz genau. „Weiß ich aber nicht!“ „Weißt du wohl! Hab ich dir neulich noch gezeigt!" „Aber gestern hast du ..." erklärt Bate. „Immer willst du ..." kontert Hinni. Zeugen herbei!

Meist ist es trotz aller Ermittlungen unmöglich, das komplizierte Geflecht sozialer Störungen mit der Vielzahl eingewobener persönlicher Empfindungen und Erlebnisse aufzudröseln, so daß eine objektive Wahrheit herausfällt.

Und was kommt dabei heraus, wenn man ausnahmsweise doch mal einen Alleinschuldigen findet? Der Lehrer bestraft ihn. Triumphierend geht der eine von dannen, gedemütigt der andere. Er wartet bloß auf eine Gelegenheit, die Scharte auszuwetzen.

Allmählich dämmerte mir die Erkenntnis, nicht einmal die Gerechtigkeit sei ein so hehres Gut, daß man ihr in jeder Szene nachhecheln müsse.

Heute versuche ich es so hinzukriegen, daß niemand als totaler Verlierer auf der Strecke bleibt. Wer verliert, will Revanche. Wer Revanche erleidet, will seinerseits Revanche. Und Abraham zeugte Isaak und Isaak zeugte Jakob usw. usw.

Heute höre ich mir Beschwerden ernsthaft an. Dann gebe ich Besänftigendes von mir. In schlimmeren Fällen, etwa bei vorzeigbaren Schrammen, Beulen und Blutströpfchen, antworte ich etwa: „Geh und sag ihm: Pfui!" Das klingt nur für Erwachsenenohren ironisch. Aber die Kinder gehen mit diesem Bescheid zufrieden von hinnen. Ich halte es für vertretbar, daß sie ihrem Widerpart meine Parteinahme verkünden. Schließlich sind Beschädigungen vorweisbar.

In weniger schlimmen Fällen besänftige ich: „Das geht aber wirklich nicht!" oder „Vielleicht war das nur ein Versehen." Oder: „Ich glaub, das tut dem jetzt schon leid." Mit diesen Äußerungen bekunde ich Verständnis für den Kläger, ohne einen Angeklagten zu akzeptieren.

Fast immer ist der Kläger damit zufrieden und die Sache erledigt.

Streit gibt es heute nur noch selten. Ich bin sicher: Das ist zu einem nicht unwesentlichen Teil mein Verdienst. Seit ich mich nicht mehr einmische, sind Auseinandersetzungen viel weniger populär, bei vielen Kindern geradezu unpopulär. Ich tue mehr für die Idee des Friedens, seit ich nichts mehr tue.

Nur alle Vierteljahre, wenn es hoch herging und einer auf der Walstatt blieb oder wenn ich an des stolzen Krischans Schluchzen höre, daß er tief verletzt ist, bin ich noch mit von der Partie. Aber fast nie als Richter. Vielmehr als Sanitäter - des Körpers und der Seele.

Schlichtung durch Faustschlag

Am Anfang einer Sachkundestunde ist es sehr unruhig, weil Peter und Martin sich streiten. Sie haben sich schon beim Hineingehen in den Physikraum gedrängelt und einander geschubst. Jeder wollte auf einem bestimmten Platz sitzen. Nun können sie sich nicht einigen. Ermahnungen helfen nicht, die Streitigkeiten werden handgreiflich, die anderen Schüler werden zunehmend unruhig. Der Unterrichtsbeginn verzögert sich. Ein Griff in die Trickkiste! Der Lehrer schlägt ein „Konfliktlösungsspiel" vor.

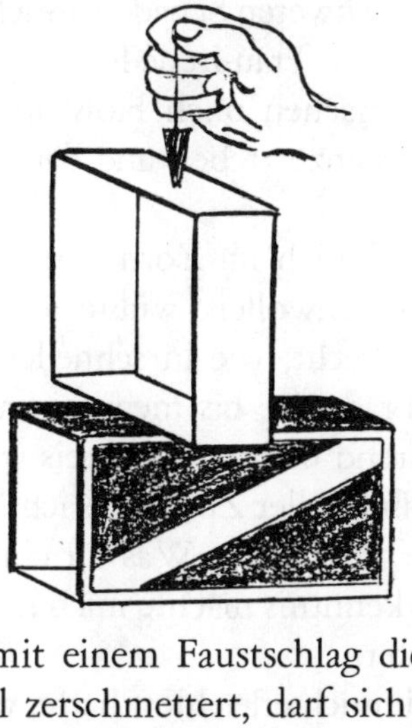

Lehrer: „ Wer mit einem Faustschlag die beiden Teile der Streichholzschachtel zerschmettert, darf sich auf den begehrten Platz setzen! Wenn Peter und Martin das gleiche Ergebnis haben (zerschmettert oder nicht), dann setzen sie sich auf die beiden restlichen Plätze, die noch frei sind!"

In beiden Fällen gelingt es den Schülern nicht, die Teile zu zerschmettern (Warum? siehe Hans-J. Press: Spiel, das Wissen schafft. Ravensburger Taschenbücher). Da die Schüler die Regel akzeptiert haben, nehmen sie die angegebenen Plätze ein – der Unterricht kann endlich beginnen. Alle hatten Spaß! Auch die beiden Streithähne. Da keiner gewonnen hat, hat auch keiner verloren.

Norbert Sibinski

Entschuldige bitte!

Ich fürchte mich nicht mehr, Fehler im Umgang mit Kindern zu machen. Selbstverständlich versuche ich, Fehler zu vermeiden. Aber jeden Tag mache ich unvermeidbar so viele, daß es auf ein paar mehr oder weniger nicht ankommt. Solange die Kinder durch mich ein allgemeines Gefühl der Geborgenheit erleben, solange sie meine Zuneigung und Wertschätzung spüren, können meine Fehler keinen schweren Schaden anrichten. Ich lese darum auch all die Fragen-Sie-Frau-Irene-Ratschläge in (Fach-)Zeitschriften nicht. Sie machen mich bloß unsicher und verleiten mich, Unerreichbares anzustreben und darüber das Wesentliche zu vergessen.

Heute morgen habe ich im Zorn ‚Anton' angebrüllt. Während mir die Adern schwollen, wußte ich, daß ich in Gefahr war. Ich spürte regelrecht, wie in schneller Folge viele meiner Sicherungen durchbrannten, bis mein stimmlicher ‚Alarm' ausgelöst wurde. Während meines Geschreis wußte ich, wie falsch es war, und ich wußte voller Zorn, daß ich Mühe haben würde, die Sache ins Reine zu bringen. Was für ein Blödsinn, dennoch zu brüllen! Diese Erkenntnis machte mich noch zorniger. Darum brüllte ich noch lauter.

Hinterher, als ich mich erleichtert hatte, wollte ich der Klasse zu erkennen geben, daß es nun vorbei sei, und ich sprach mit betont ruhiger Stimme weiter. Der Eindruck auf mich selbst war einigermaßen peinlich: Erst spielst du den wilden Mann, und innerhalb weniger Sekunden gibst du dich friedlich und sanft. Es muß auf die Kinder wie Schmieren-Theater wirken. Aber schließlich kann man sein Lärmen nicht ausklingen lassen wie ein abziehendes Gewitter.

Am wenigsten aber kann ich nun so tun, als sei nichts geschehen. Seit zehn Minuten schon sieht sich ‚Anton' gezwungen, sein unbekümmert wirken sollendes Lächeln auf seinem Gesicht festzufrieren. Seit zehn Minuten bewege ich mich unnatürlich und fühle mich unbehaglich. Und seit zehn Minuten ist die ‚pädagogische Atmosphäre' gestört. Schluß damit! Am besten, ich bringe es sofort hinter mich.

Ich gehe auf ‚Anton' zu: „Ich hab' dich eben angeschrien, weil du mich geärgert hast. Entschuldige bitte mein Schreien." Ich reiche ihm die Hand.

Die Klasse genießt mäuschenstill das Schauspiel. ‚Anton' nimmt meine Hand. Seine ist schweißnaß. „Entschuldige bitte, daß ich dich geärgert habe", sagt er mit belegter Stimme.

Ich bin frohgestimmt. Ich habe das Gefühl, eine schwierige Situation gut gemeistert zu haben. Das ist ein gewichtiges Erfolgserlebnis: Mein Mißerfolg des Brüllens ist nicht nur überwunden, er ist sogar in einen Erfolg verwandelt worden. Ich habe bei den Kindern das allgemeine Gefühl der Geborgenheit, das Erlebnis meiner Zuneigung und Wertschätzung wiederhergestellt. Mir scheint sogar, es sei gefestigter als zuvor.

Unter diesen Umständen kommt es auf ein paar Fehler mehr oder weniger nicht an.

> „Wir haben ... auch erst lernen müssen, daß ein Lehrer sowohl etwas von einem Psychologen wie von einem Sozialarbeiter, Familienberater und mitunter vielleicht sogar Sozialtherapeuten braucht, wenn er überhaupt mit seinen Schülern etwas erreichen will."
>
> *Otto Dürr, englische Lehrer zitierend, in: Lohmann, Christa (Hrsg.): Schule als soziale Organisation. Klinkhardt, Bad Heilbrunn 1978, S. 116*

Problem genannt = gelöst

Ich merke, wie ich wieder einmal zum Brüllen ansetze. Ganz knapp kann ich noch an mich halten und erst einmal bis zehn zählen. (Manchmal hilft mir das.)

Der verschüttete Morgenkaffee, der Papierstau im Umdrucker fallen mir ein. Sollte es vielleicht an mir liegen?

„Ich hab' ein Problem“, sage ich den Kindern. „Irgendwie geht mir der Krach bei der Partnerarbeit heute sehr auf die Nerven. Seid ihr tatsächlich lauter oder bin ich nur empfindlicher?“

Eine kurze Umfrage bei den Kindern gibt mal diese, mal jene Antwort. Manchmal kommen auch von mir nicht erwartete Arbeitsprobleme hervor.

Auf jeden Fall, scheint mir, ist es in der Klasse leiser geworden. Mir ist, als nähmen die Kinder bewußt Rücksicht auf meine weniger stabile ‚Tagesform‘.

Gerhild Kirschner

Nicht so, sondern so!

Konfliktsituationen im Schulalltag werden häufig zu Lasten der Schüler ausgetragen. Diese Einseitigkeit eskaliert zu ängstlichem und/oder aggressivem Verhalten – beide Verhaltensweisen machen letztlich niemandem Spaß.

Durch die Art und Weise, wie der Lehrer mittels seiner sozialen Führung Einfluß auf das Verhalten der Schüler nimmt, bedingt er auch in entscheidender Weise das Erleben der Schüler.

> „Wir brauchen nicht Buch- und Lektionshalter, nicht Ertüftler und Mitmacher von Methoden, sondern Menschen! Wir brauchen Pestalozzileute!“
> *Paul Georg Münch in: Freude ist alles! Leipzig 1922, S. 11*

Wie soll ich mich richtig verhalten, so wird sich jeder nachdenkliche Lehrer fragen. Rezepte gibt es nicht. Vom lerntheoretischen Standpunkt aus kann das Verhalten nicht isoliert betrachtet werden. Es bildet sich im Sinne einer Verhaltenskette aus:

auslösende Bedingungen
|
Verhalten
|
aufrechterhaltende Konsequenzen

Beispiel für eine alternative Verhaltenskette:

Nicht so	sondern so
	Auslösende Bedingungen
Allgemeine Spannung vor Beginn der Schule, nicht ausgeräumte Konflikte mit dem Partner.	Entspannung, Fröhlichkeit vor Beginn der Schule, keine unerledigten Probleme mit dem Partner.
Forderung des Schulleiters an mich, Kritik. Ich nehme Kollegen als unfreundlich wahr.	Freundliche Ansprache durch Schulleiter, Kollegen.
Fühle mich in Pausen von Schülern bedrängt, kann mich nicht in Ruhe auf die Stunde einstellen.	Ich habe in den Pausen Zeit, mich zurückzuziehen, auf die nächste Stunde einzustellen.
Lärm in der Klasse. Aufgaben sind nicht erledigt.	Klasse ist einigermaßen ruhig.
Gedanken: „Ich bin schlecht vorbereitet. Wie sollen wir den Stoff nur schaffen? Wenn der Tag nur erst vorbei wäre!“	Gedanken: „Ich habe mich ausreichend vorbereitet. Das Wichtigste schaffen wir schon. Heute wird es uns Spaß machen.“

Verhalten

Ich rede viel selbst. Stehe überwiegend vor der Klasse. Schreibe selbst viel an die Tafel. Gebe viele Befehle.	Ich gebe Arbeitsaufträge, bei denen ich mich mehr zurückhalten kann.
Ich reagiere sofort auf Lärm und störende Ablenkung mit Ermahnungen.	Ich ignoriere Lärm und Störungen. Ermuntere Lösungsversuche.
Lächle wenig.	Lächle, mache Witze.
Beobachte mich selbst stark, fühle mich angespannt, habe Kopfschmerzen.	Setze mich zu Kleingruppen, nehme mir während der Stillarbeit Zeit für leistungsschwache Schüler. Fühle mich locker.

Aufrechterhaltende Konsequenz

Ich bin zufrieden, weil wir das Pensum geschafft haben, weil es einigermaßen ruhig war und die meisten mitgearbeitet haben.	Lob von Schülern freut mich. Schüler sind entspannt. Ich bin mit mir zufrieden, weil wir das Wichtigste besprochen haben und auch die leistungsschwachen Kinder mitarbeiten konnten. Fühle mich angenehm erschöpft.

Norbert Sibinski

Wie wir für Disziplin sorgen

In ihrer Würde als Mensch sind alle Kinder den Erwachsenen gegenüber gleich. Unterschiede ergeben sich jedoch daraus, daß die Kinder bislang weniger Erfahrungen erwerben konnten. Hierdurch bedingt, kann Erziehung und Unterricht auf Autorität nicht verzichten. Aber diese Autorität darf nicht ‚autoritär' werden, d. h. sie muß sich bereits in der Grundschule auf eine gemeinsame Aufgabe stützen.

Schleswig-Holstein: Übersichten zu den Lehrplänen Grundschule, Entwurf, 1983; Erziehung und Unterricht in der Grundschule, 15

Der Schüler hat das Recht auf einen ungestörten Schulbetrieb.

Rheinland-Pfalz: Landesverordnung über die Schulordnung für die öffentlichen Grundschulen vom 9. 5. 1978, § 11

Das Zusammenleben in der Schule muß gelernt und geübt werden. Dazu gehört, sich anderen Schülern gegenüber situationsangemessen, hilfsbereit und rücksichtsvoll zu verhalten, eigene Wünsche zurückstellen zu können, sich an Ordnungsformen zu halten, Regeln der Zusammenarbeit zu beachten, aber auch sich selbst zu behaupten und eigene Standpunkte zu vertreten.

Niedersachsen: Die Arbeit in der Grundschule (Erlaß des MK vom 7. 5. 1981, 2.4)

Zusammenleben und Lernen dürfen nicht behindert werden durch störende Unruhe, mangelnde Rücksichtnahme, Einschüchterung Schwächerer ...

Freie und Hansestadt Hamburg: Richtlinien für die Erziehung und den Unterricht in der Grundschule, 1973, 9.1

Ruhe bitte!

Täglich muß ich immer wieder einmal für Arbeitsruhe sorgen. Meist genügt ein freundliches Wort, ein Händeklatschen oder nur aufforderndes Schweigen. Das belastet unsere Beziehungen nicht. Wir sind auch danach heil und zufrieden.

Manchmal muß ich aber auch ‚persönlich werden'. Dann nenne ich einzelne Kinder mit Namen. „Simone, bitte!" „Klaus, setz dich bitte!" Das genügt. „Chris und Mini!" Sofort beruhigen sich die beiden.

Manchmal, wenn nach einem wilden Zwischenspiel, zur Abwechslung und Erfrischung veranstaltet, die Kinder sich nur schwer beruhigen können, rufe ich in schneller Folge einzelne Namen: „Vici, Nette, Katti, Corinna, Mei-Mei!" Das ist unvergleichlich erfolgreicher als die Pauschal-Ermahnungen „Ruhe!", „Ruhe bitte!", „Herrschaften!"

Für mich ist dieses Verfahren das geeignetste, ohne Lehrer-Geschrei schnell Ruhe herzustellen. Entscheidend ist: Es wirkt, und niemand wird irgendwie verletzt; wir sind danach alle heil und zufrieden.

Gelegentlich reagieren Kinder nicht auf die Nennung ihres Namens. Vielleicht haben sie meinen Anruf überhört. Dann wiederhole ich ihn und suche Blickkontakt. Dann und wann merke ich bei solchen Gelegenheiten: Die haben mich sehr wohl gehört.

Irgend etwas stimmt dann nicht: Sie haben Ärger mit anderen Kindern in der Klasse, der Familiensegen hängt schief, sie sind krank oder einfach schlecht gelaunt, sie fühlen sich von mir mißachtet, falsch behandelt ... Wäre ich ein pädagogischer Tausendsassa, würde ich die Ursache herauszufinden versuchen. Weil ich der nicht bin und auch die Zeit nicht habe, einer zu sein, muß ich disziplinieren: Ich bitte das betreffende Kind, sich hinter seinen Stuhl zu stellen. (Wir sitzen im Viereck). Meist sage ich unmittelbar danach: „Setz dich bitte wieder." Das kurze Aufstehen verfehlt seine Wirkung fast nie.

Für sehr wichtig halte ich, bei diesen Gelegenheiten zwar in bestimmtem, aber freundlich-sanftem und nicht etwa barschem

Ton zu sprechen. Mit meinem Verhalten setze ich meinen Willen durch. (Nur Schwärmer werden darauf verzichten - und Chaos erzeugen.) Mit meinem Ton verhindere ich gleichzeitig Widerstand gegen meine Anordnung und stifte Besänftigung. Meist spreche ich deshalb solche Aufforderungen in besonders liebem Ton.

Ich stellte die Kinder an den Pranger, rügte einmal ein Besucher. Man wird sicherlich gelehrte Diskussionen über mein Verfahren anstellen können. Aber ich habe ein höchst gewichtiges Argument auf meiner Seite: Wir fühlen uns auch nach diesen ‚Pranger'-Szenen durchweg heil & zufrieden miteinander. Also können sie nicht sonderlich falsch sein.

Ich halte es für nicht hilfreich, irgendwelche für alle geltenden und wie Rezepte nachvollziehbaren Verhaltensmaßregeln für Ruhe-Schaffen aufzustellen. Eines schickt sich nicht für alle. Jeder Lehrer muß den ihm gemäßen Stil finden. Nur eine einzige allgemeine Vorschrift gibt es: Hinterher sollten sich Schüler und Lehrer möglichst heil & zufrieden miteinander fühlen. Was immer dann der Lehrer zuvor anstellte: Es kann nicht sonderlich falsch gewesen sein.

„Jeden disziplinarischen Eingriff betrachte man als den Ausfluß einer ungenügenden Vorbereitung."
Fritz Gansberg in: Schaffensfreude. Leipzig und Berlin[2] 1907, S. 2

Zweimal reihum

In meiner Klasse reden alle viel miteinander. Anlässe gibt es genug, und oft ereifern wir uns. Damit wir während des häufigen Miteinander-Redens nicht die Hälse verrenken müssen, wie das beim Sitzen in Gruppen geschieht, stehen unsere Tische im Viereck.

Nach der großen Pause herrscht Aufregung unter meinen Drittkläßlern. Sie haben Streit mit der 4 B. Wahrscheinlich wurden diverse Ehren geknickt. Die Meinen nehmen die Sache sehr ernst. Ich kann sie also nicht mit ein paar besänftigenden Bemerkungen ruhigstellen. Wir müssen reden.

Die Ursache des Streits interessiert mich kaum. Die werde ich nach aller Erfahrung sowieso nicht ergründen. Die nun anstehende Debatte kann nur den Sinn haben, soviel Dampf abzulassen, bis Besänftigung möglich ist. Damit diese Druckreduzierung nicht in chaotischen Formen abläuft, geht das Wort im Tischgeviert rund. Mein Finger wird der Reihe nach auf jedes Kind weisen. Wenn es etwas sagen will, sagt es etwas. Wer verzichtet, wird übergangen.

Nach meiner Erfahrung ist dies ein mittelschwerer Fall, der zwei Umläufe erfordert. Also schlage ich vor: „Zweimal reihum?" Die Kinder sind einverstanden. Schleusen auf!

Ich spüre förmlich die Erleichterung der Kinder, endlich dem Druck der aufgestauten Emotionen nachgeben zu können. Sie reden nacheinander, wie wir es aus der täglichen Praxis gewohnt sind. Wiederholt gibt es Zwischenrufe. Ich winke ab oder beachte sie nicht. Ich höre nur den Beiträgen zu, nickend und gelegentlich Grunzlaute ausstoßend, die Zuhören signalisieren.

Nach zwei Umläufen kocht der Topf immer noch über. Ein paar besonders interessante und erregende Einzelheiten sind der Horde noch immer nicht zur Empörung vorgeworfen worden. Darum wandert das Wort noch einmal reihum. Nun ist die Erregung schon merklich gedämpfter. „Das geht wirklich nicht", sage ich abschließend. Damit habe ich Verständnis kundgetan, doch nicht so stark, daß die Bande mich gegenüber der 4 B als Verbündeten darstellen könnte.

Wenn ich den Eindruck habe, daß die Viertkläßler tatsächlich in ärgerlicher Weise ihren Spitzenplatz in der Hackordnung auf dem Hof mißbrauchten, werde ich mich in der Pause demonstrativ mit einigen der Meinen für ein paar Minuten auf dem Hof zeigen, plaudernd lustwandelnd.

Die Sache ist erledigt.

Kaum etwas nervt uns Lehrer so sehr wie Durcheinanderreden und fortwährende Zwischenrufe. Früher fürchtete ich darum hitzige Diskussionen. Heute nicht mehr. Die Kinder lernen schon im ersten Schuljahr, bestimmte Regeln einzuhalten. Eine dieser Regeln lautet: Sobald ein Thema auf größeres Interesse stößt, reden wir reihum. Jeder hat so die Chance loszuwerden, was aus ihm herausdrängt. Niemand muß befürchten, übergangen zu werden. Gerade diese Furcht verleitet ja viele draufloszureden.

Die vorher zu treffende Vereinbarung, ein- oder zweimal reihum zu reden, verhindert open-end-Palaver.

Friedensangebote

Hausmeister und Putzfrauen lassen manches Unterrichtsprojekt schon im Kopf des Lehrers scheitern, weil man an den drohenden Ärger denkt. Andererseits lassen Schüler manchmal den Raum in einem tollen Zustand zurück und antworten auf Vorhaltungen auch noch seelenruhig: „Dafür werden die ja bezahlt!“ (So geschehen bei Viertkläßlern.) Folge der Anonymität?

Wir luden gleich im ersten Schuljahr Hausmeister und zuständige Putzfrau zum Unterricht ein. Die Schüler zeigten, was und wie sie basteln, und so sahen die ‚Ordnungshüter‘, daß Uhu-Flecken und Papierschnipsel nicht unbedingt für bösen Willen zeugen. Dann ließen die Kinder Fragen auf die beiden niederprasseln: Wie sie heißen, ob sie Kinder haben, warum sie diesen

Beruf gewählt haben, wie man das wird, ob es Spaß macht, worüber sie sich am meisten ärgern, wodurch man ihnen die Arbeit erleichtern kann usw.

Mit viel Geduld begegneten unsere Gäste der Frageflut.

In der Deutschstunde entstand ein Tafeltext über die Arbeit eines Hausmeisters und unserer Putzfrau, dann versuchten alle Kinder, ein großes Bild von den beiden zu malen. Die von den Schülern als beste ausgewählten Portraits wurden den beiden am nächsten Tag mit einem Blumenstrauß überreicht.

Seitdem heißt es: „Komm, wir stellen die Stühle hoch, um Frau Rother zu helfen!" „Paß doch auf, du machst Frau Rother doch nur unnötige Arbeit!" Und auf dem Schulhof beobachtete ich die kleine Maria, wie sie einen hochgeschossenen Drittkläßler anraunzte: „Heb sofort das Papier auf und wirf es in den Korb! Oder glaubst du wohl, der Herr Werner ist dafür da?"

Ergänzend ist zu berichten, daß Frau Rother nach einer belastenden ‚Materialschlacht' auf meine entschuldigende Bemerkung „Ich fürchte, heute haben wir mächtig Dreck zurückgelassen" freundlich abwinkt und gelassen feststellt: „Es sind doch Kinder!"

Mal ein Blumenstrauß, kleine Basteleien der Kinder, ein kurzer Schwatz bei einer Tasse Kaffee, wenn ich wieder einmal nachmittags im Lehrerzimmer bin, lassen dieses gute Verhältnis nun schon über drei Jahre dauern.

Gerhild Kirschner

> „Wenn es kribbelig oder geschwätzig wird, muß Schluß gemacht werden."
> *Walter Jeziorsky in: Selbstbildungsmittel in der Grundschule. Westermann-Tabu, Braunschweig ^{3}1971, S. 31*

Hopsen

Manchmal kriege ich einfach keine Ruhe in die Klasse. Ich kann es nicht leugnen: Meist ist das offenbar ein Zeichen dafür, daß den Kindern der Unterricht nicht gefällt. Aber der große Zampano, dem so was nicht passiert, bin ich nun mal nicht. Manchmal liegt's auch am Wochentag: Montage nach einem verregneten Wochenende sind schlimm.

Es hat keinen Sinn, einfach meinen Willen durchzusetzen. Das muß zwar gelegentlich auch sein, aber Druck erzeugt bloß Gegendruck.

Manchmal rette ich mich so: Schluß der Vorstellung!

„Jetzt, ihr Lieben, haben wir dringend ein Spielchen nötig. Wir gehen auf den Hof. Zieht bitte Mäntel und Mützen an, denn es regnet. Und dann schleichen wir wie die Indianer. Sonst wird's nichts mit dem Hof." (Seit ich meine Drohung einmal wahr machte, klappt das hervorragend leise.)

Dieses Umdisponieren hilft *immer.* Wir drehen ein paar Runden auf dem Hof, ich vorneweg. Ich beginne plötzlich steifbeinig zu laufen. Freudig ahmen mich ein paar Kinder nach. Jetzt laufe ich in der Hocke mit schlackernden Armen. Eine wachsende Schar Kinder hinterher. Nun beginnen wir gar zu bellen, zu gackern, zu krähen.

Der Briefträger kommt. Wir umringen ihn, hopsend und Grunzlaute ausstoßend. Er ist verwirrt. Einen grunzenden Lehrer im Entengang inmitten einer grunzenden Kinderschar im Entengang hat er noch nie gesehen. Ich zwinkere ihm zu, auf daß er nicht im Schulbezirk verbreite: „Der Rektor von der Marpe tickt nicht mehr ganz richtig."

Ich könnte an Autorität verlieren? Ach wo. Autorität habe ich genug. Mit solchen Bekenntnissen begibt man sich zwar in schlechte Gesellschaft, aber ich sag's trotzdem: In meiner Klasse bin ich der Boß. Darum ist mein Problem, Autorität erträglich zu machen. Hopsen hilft.

Wenn wir wieder in der Klasse sitzen, brauchen wir einen Neuanfang. Den alten Programmpunkt haken wir ab, basta.

Laßt uns mal sehen, was wir sonst noch auf dem Programm haben!

Wie oft mir das widerfährt? Ich habe es noch nicht gezählt. Aber etwa alle zwei Wochen findet bei mir eine Zeitlang Hopsen statt.

Schreiben und Erzählen

Unruhe in der Klasse, etwa bei gruppenweise arbeitenden Kindern, ist durchweg unvermeidbar. Oft ist sie sogar ein Zeichen für engagiertes Arbeiten. Lärm jedoch ist immer von Übel, weil er, geduldet, im Handumdrehen zur Gewohnheit wird.

Entsteht Lärm, nachdem die Kinder bereits längere Zeit mit einer bestimmten Arbeit oder Arbeitsform beschäftigt sind, liegt die Vermutung nahe, ein Wechsel der Arbeit oder der Arbeitsform werde Abhilfe schaffen. Das gilt vor allem für Formen, die mit Reden verbunden sind.

Wenn ich das merke, breche ich rigoros die bisherige Arbeit ab und gebe eine Schreibaufgabe. Beim Schreiben ist es meist still in der Klasse.

Ich habe es als wichtig erfahren, immer wieder solche stillen Zeiten einzuschieben, damit sich das Ohr der Kinder nicht an einen bestimmten Geräuschpegel gewöhnt. Kinder, hat ein kluger Kollege geschrieben, haben nämlich Lärm nicht gern; sie machen ihn nur.

Und wenn alles nicht hilft - eins hilft immer: Erzählen. Diese uralte Lehrerkunst, von unserem lange toten Kollegen Heinrich Scharrelmann in einem Buch beschrieben (Die Technik des Schilderns und Erzählens; Westermann, Braunschweig ²1921), das heute in der Wissenschaftlichen Buchgesellschaft wieder zu haben ist, beherrscht kaum noch einer. In unserer phantastischen Unterwürfigkeit haben wir uns von promovierten und diplomierten Schlaumeiern einreden lassen, Erzählen in der Schule sei nichts Besonderes und schon gar keine Kunst. Zwanzig Seiten Unterrichtsplanung - das soll Kunst sein. So seht ihr aus!

Ich erzähle jeden Tag. Kinderbücher stückweise, kleine Erlebnisse, ‚Dönekes', Kalendergeschichten und was mir gerade einfällt. Und als Medikament verabreiche ich es dann und wann obendrein. Erzählen hilft immer.

Ruhe bei Bing-Bang-Bong

Wie kann ich mir in einer besonders temperamentvollen Klasse Gehör verschaffen, wenn ich alle gleichzeitig ansprechen will (und ohne Frontalunterricht geht's bei mir nun mal nicht!)? Schreien dringt zwar durch, aber es schüchtert manches Kind ein, und ich finde es selbst auch nicht schön (wenngleich es noch oft genug vorkommt). Ein oft bewährtes Mittel: „Hand hoch, Mund zu!" will auch nicht so recht klappen.

Ein Zufall kam mir zu Hilfe. Ich hatte einige Klangstäbe für den Musikunterricht angeschafft und wollte sie den Kindern zeigen. Als ich nur den ersten Ton anschlug, war es sofort still in der Klasse.

Diese schnelle Reaktion der Kinder machen wir uns seither zunutze. Auf dem Pult liegt nun immer ein Klangstab, und wenn er erklingt: Bing-bang-bong! richten sich in kurzer Zeit alle Augen auf den Lehrer.

Aber auch Kinder, die etwas Wichtiges sagen wollen, dürfen zu diesem Mittel greifen, um sich Gehör zu verschaffen.

Ursula Bussemer

„... In dem Augenblick, wo ich den feinsten und stärksten Disziplinator, die spannende Darstellung, in die Schule hineinführe, da sollte das Unterrichten – schwerer werden?"

Fritz Gansberg in: Schaffensfreude. Leipzig und Berlin ²1907, S. XI

Pädagogische Glocke

Ich weiß schon lange, daß ich vor allem dann keine guten Nerven habe, wenn ich sie besonders gerne hätte: Immer, wenn ich an etwas Besonderem arbeite, z. B. der Einführung einer neuen Arbeitsform, dem Anwerfen eines Projektes u. ä. Aber auch, jedes Kind zu einem erfolgreichen Abschluß zu bringen, geht mir dabei oft ‚über die Hutschnur'.

So schimpfte ich immer besonders viel gerade bei den Unternehmungen, die vor allen Dingen Freude machen und Eigenaktivität auslösen sollten. Obwohl mich das sehr störte und oft deprimierte, fiel ich immer wieder in den alten Fehler.

Da brachte mir, vor nun fünf Jahren, eine Freundin aus ihrem Urlaub eine große Kuhglocke mit und meinte dazu: „Die kannst du sicher in der Schule gebrauchen, wenn du für Ruhe sorgen und deine Nerven schonen willst." Ich dachte sofort: „Dann brauchten die Kinder aber auch manchmal eine Kuhglocke!" – Und in dem Moment war für mich eine sehr hilfreiche Idee geboren.

Die Glocke überreichte ich bei Schulanfang den Kindern. Sie sollten sie sofort erschallen lassen, wenn ich begänne, meine Stimme zu erheben. Die Kinder fühlten sich ernst genommen, freuten sich über mein Angebot und beschlossen, daß jeden Tag ein anderer die Glocke auf seinen Tisch stellen und bedienen dürfe.

Nun begann für mich ein Lernprozeß, den ich in vielen Jahren trotz noch so vieler guter Vorsätze nicht geschafft hatte.

Er verlief in drei Stufen:

a) Ich war jedesmal insgeheim verärgert und empört, wenn die Glocke erklang. Wie, *das* sollte ‚geschimpft' sein?

b) Fast jeden Tag einmal überraschte, erschreckte und beleidigte mich die Glocke. Die Kinder läuteten nämlich auch dann, wenn ich, beim Umhergehen in der Klasse, Unachtsamkeiten und Fehler sehend, zwar nicht laut, aber gereizt und giftig sprach. Das beschämte mich sehr, und es setzte ein Vermeidungsstreben ein. Die negative ‚Konditionierung' begann zu wirken, und ich ‚hörte' die Glocke, wenn ich nur merkte, daß ich innerlich hochging. „Also, hört mal“, sagte ich dann, mit mühsam ruhig gehaltener Stimme, „gleich braucht ihr die Glocke wieder! Aber was soll ich denn machen, wenn ihr euch nicht an die Regeln haltet?“ Ich erlebte nun, daß dies wie ein Appell wirkte, der nie seine Wirkung verfehlte. Ich hatte etwas Verhaltensänderndes gelernt.

c) Ich machte mir diese Reaktion zur Gewohnheit, ich übte, meine Gefühle auszudrücken, wenn es noch nicht zu spät war. Wir waren, glaube ich, am Ende des zweiten Durchgangs mit Glockendienst (bei 34 Kindern), als die letzten enttäuscht feststellten, daß es gar nichts mehr zu klingeln gäbe.
Heute steht die Glocke als Requisit in der Klasse. Ich benutze sie nun manchmal zu ihrer ursprünglich gedachten Bestimmung.

Christa Lemmer

„Nur da ist Neue Schule, wo freudiges Interesse, frohe Selbstbetätigung der Schüler durch die Schule jubelt. Voraussetzung dafür ist die rechte Lehrerpersönlichkeit und ihre rechte Einstellung zur Jugend. ‚Freude ist alles‘, sagt Münch, und ich sage in Übereinstimmung damit: ‚Liebe ist alles‘.

Adolf Rude in: Die neue Schule und ihre Unterrichtslehre, Bd. 1. Osterwieck u. Leipzig $^{2/3}$*1930, S. 232 f.*

Sühne für Klo-Besteigung

Der Hausmeister war empört: „Da, die drei klettern immer auf den Klos 'rum, ich muß sie dann wieder sauber machen! Und reparieren muß ich die Deckel auch schon bald wieder, wenn das so weitergeht!"

Erwartungsvoll schauten er und die drei ‚Sünderinnen' auf mich. „Wir klären das in der Klasse."

Ich wußte auf Anhieb nicht, wie ich sinnvoll reagieren sollte. Auch in der Klasse hatte ich keine Erleuchtung. Also „Klassenkonferenz!"

„Ich hab da ein Problem ..." Die Kinder kannten das schon. Schnell war der Vorfall berichtet.

„Was soll nun geschehen?"

Christoph schlug den oft angewandten ‚Besinnungsaufsatz' vor: „Warum ich nicht aufs Klobecken steigen soll".

„Davon hat Herr Werner auch nichts!" stellte Martin sachlich fest.

Ein paar Kinder versuchten es noch mit anderen Überschriften. „Warum wir Herrn Werner nicht zusätzlich Arbeit machen sollen" und ähnliche. Aber uns allen war klar, daß auf diese Weise Herrn Werners Mehrarbeit nicht aufgehoben werden konnte.

„Wir können ihm ja helfen", schlug Andrea vor, eine der Klo-Steigerinnen.

Ich weiß nicht mehr, wer die Idee zum „Gutschein für einmal Helfen" weiterentwickelte. Jedenfalls wunderte sich Herr Werner am nächsten Tag über sieben kunstvoll verzierte Helfergutscheine, denn vier weitere Mädchen hatten sich zu ähnlichen Taten bekannt. „Sind ja eigentlich prachtvolle Kinder", meinte der Hausmeister augenzwinkernd zu mir.

Gerhild Kirschner

Wie Lehrer und Kinder miteinander umgehen

Da das Kind in der Grundschule auf persönliche Bindungen besonders angewiesen ist, gilt das Klassenlehrerprinzip.

Freistaat Bayern: Lehrplan für die Grundschule, 1981, 2.2

Für die Personwerdung des jungen Menschen sind dauerhafte und vertrauensvolle Bindungen zu den Mitschülern und zum Lehrer von besonderer Bedeutung. Sicherheit und Geborgenheit kann in der Grundschule gefördert werden durch gegenseitige persönliche Zuwendung, durch offenen mitmenschlichen Umgang und die Art und Weise, in der Unterstützung gewährt, Hilfsbedürftigkeit erkannt, Hilfe gesucht und angenommen und Regeln vereinbart und eingehalten werden. Solche Erfahrungen legen mit den Grund für die Güte späterer zwischenmenschlicher Beziehungen.

Nordrhein-Westfalen: Zweiter Entwurf der Grundschul-Richtlinien, 1983, 3.1

Erziehung im Unterricht hat nur dann Erfolg, wenn jene pädagogische Atmosphäre herrscht, jene gefühlsmäßigen Bedingungen und menschlichen Haltungen, die als Grundlage für jede erfolgreiche Erziehung notwendig sind.

Baden-Württemberg: Lehrplanrevision in Baden-Württemberg, in: Kultus und Unterricht, Heft 2/1983, 3., S. 11

Du, Lehrer!

Schulanfänger reden ihren Lehrer oft mit ‚Du' an. Der gewöhnt es ihnen dann ab, gemeinsam mit Eltern.

Ich halte diesen Dressurakt für überflüssig und falsch. Er ist eine der vielen Maßnahmen von Lehrern, die, nimmt man sie zusammen, das Vertrauensverhältnis zwischen Kind und Lehrer stören.

Der Anfänger Andreas, der zwei Tage lang mißtrauisch und unsicher den Schulalltag erlebte, meint am dritten zu wissen, ‚wo's langgeht'. Seine gewachsene Sicherheit, sein beginnendes Geborgenheitsgefühl und seine persönliche Erwärmung für den Lehrer lassen ihn plötzlich in vertraulichem Ton sagen: „Du, meine Mutti hat gesagt, ich bin schon stark!" Was für eine Narretei, ihn jetzt zu belehren, es heiße ‚Sie'.

Seine arglose Offenheit läßt ihn Erwachsene duzen. Wir lehren ihn, diese vertrauliche Anrede nur bei vertrauten Menschen zu gebrauchen. Onkel und Tanten zählen selbstverständlich zu ihnen. Und der Lehrer nicht? Ich sollte nicht mehr Vertrauensperson sein als Tante Agathe, die alle halbe Jahre zu Besuch kommt? Wenn Kinder uns duzen, ist das ein Ausdruck ihres Vertrauens. Darin kann ich keinen Zerfall von Autorität und Ordnung wittern. Ohne unzulässige Vergleiche anstellen zu wollen: Keines Vaters und keiner Mutter Autorität nimmt Schaden, weil ihre Kinder sie duzen.

Etwas anderes wäre es, wollte sich ein Lehrer bei Kindern beliebt zu machen versuchen: „Ihr dürft mich Franz nennen."

> „Die Disziplin der öffentlichen allgemeinen Unterrichts- und Erziehungsanstalten muß ... durch die Gesinnung väterlicher Liebe und herzlichen Wohlmeinens mit jedem Zöglinge nach seiner Eigentümlichkeit geleitet werden."
>
> *Johann Wilhelm Süvern 1819 in seinem Unterrichtsgesetzentwurf, § 6*

Hier wäre das Duzen nicht Ausdruck kindlichen Vertrauens, sondern stillosen Lehrer-Anbiederns. Das würde wirkliche Autorität zerstören. Manche meiner Schüler sagen ‚Sie' und ‚Herr' zu mir, die meisten aber bleiben auch noch als Viertkläßler bei Erstkläßler-Du. Irgendwann vor vielen Jahren bürgerte sich der Spitzname ‚Senni' ein, mit dem sie mich anreden. Mich stört's nicht. Im Gegenteil, es ist mir lieb, denn mit dem Vornamen möchte ich mich nun doch nicht anreden lassen. Aber der Spitzname scheint mir ein Mittelding zwischen ‚Papa' und ‚Onkel'.

Andere Lehrer meiner Schule werden ähnlich angeredet. Die Kollegin Timm heißt ‚Timmi', Frau Hillebrand wird ‚Hille' genannt, und selbst ein gelegentlich grummelnder Kollege heißt ‚Willi'.

Für entscheidend halte ich, aus solchem Verhalten keine Regel zu machen. Jeder ist nur in seiner Rolle glaubwürdig. Mancher braucht eine gewisse Distanz auch im Formellen. Er ist nicht schlechter als andere, nur anders. Wenn Schule Kindern und Lehrer Spaß machen soll, muß der Lehrer den Mut haben, er selbst zu sein. Für mich heißt das: Jedes Kind, das mag, darf mich ‚Senni' nennen.

„Das Kind erlebt sich als zurückgewiesen und alleingelassen, wenn es mit seinen Gefühlen nicht angenommen wird. Umgekehrt erlebt sich der Schüler als Person respektiert, wenn der Lehrer seine subjektiven Gefühle gelten läßt."

Kurt Singer in: Maßstäbe für eine humane Schule. Fischer-Tabu, Frankfurt 1981, S. 107

Kirsche & Flo

Florian, genannt ‚Flo', begegnet mir beim Runtergehen auf der Treppe.

„Na, Kirsche, wie schmeckt's?" ruft er mir strahlend entgegen. „Na, Flo, wie hüpft sich's?"

Wir lachen einander freundschaftlich an.

(In der Ausbildung habe ich gelernt, daß Lehreräußerungen reversibel – auch vom Schüler zu verwenden sein sollen.)

Gerhild Kirschner

Mund halten

Unterrichtsgespräch in Klasse drei. Thema: Sonne, Mond und Sterne. Anlaß: Matthias verbrachte in der letzten Nacht ein paar Stunden an Vaters Fernrohr.

Matthias ist der Mittelpunkt. Fragen gehen an ihn, Antworten kommen von ihm: matthiaszentrierter Unterricht. Aber seine fachliche Autorität ist nicht so groß, daß nicht viele Fragen, Antworten, Einwände, Proteste, Widerreden im Kinderkreis hin- und hergingen: Die Kinder reden mit ihm *und* miteinander.

Für mich gibt es nur eine Devise: Mund halten.

An dieser nicht eben lehrertypischen Rolle lerne ich immer noch. Manchmal muß ich regelrecht mit mir kämpfen, mich nicht dauernd einzumischen, nicht als Zusammenfasser, Erklärer, Korrektor und Besserwisser aufzutreten. Ich will nicht die zentrale Instanz des Schulalltags sein, jedenfalls nicht mehr, als ich es unvermeidbar bin.

Auch, wenn es mich drängt, korrigierend dazwischenzureden, weil Matthias eine Alpha Centaurus genannte Sonne als unserer am nächsten bezeichnet: Mund halten. Es ist doch nicht wichtig. Wenn ich meine, die Informationsfülle bedürfe meiner abschließenden übersichtlichen Zusammenfassung: gar nicht wahr.

Wenn ich Matthias' Erklärung über das Entstehen von Tag und Nacht durch eine vermeintlich bessere eigene ergänzen will: Mund halten. Es ist die Sache nicht wert.

Als mich vor Jahren eine ‚Lehramtsanwärterin' darauf hinwies, alle Äußerungen im Gespräch liefen über mich als die zentrale Schaltstation, meinte ich: „Die Kinder wollen das so." Das war ein Irrtum. Die wollen das nicht, sondern ich gewöhne sie durch mein Verhalten daran. Ebenso kann ich sie durch mein Verhalten daran gewöhnen, miteinander zu reden.

Nun streiten sie, ob auf dem Mond vielleicht doch irgendwelche Männlein lebten. Matthias schlägt sich wacker gegen die Märchenbuch-Vorstellungen vieler Mitschüler. Sven steht ihm bei. Dazu eine Handvoll anderer Kinder. Die Partei der Aufgeklärten ist zahlenmäßig weit unterlegen. Früher hätte ich eine solche Auseinandersetzung mit dem Machtwort des Wissenden entschieden. Heute halte ich mich heraus. Es ist unwichtig, ob sich die Wahrheit ein paar Monate früher oder später durchsetzt. Wichtig ist, daß sie lernen, ohne meine Belehrung zu lernen. Wenn sie sich sattgeredet haben, werden sie vielleicht mich oder Nachschlagewerke befragen. Vielleicht auch nicht. Es ist nicht wichtig.

Die Kinder dieser Klasse haben von Anfang an miteinander geredet. Sie mußten es nicht lernen. Sie müssen nur gelegentlich daran erinnert werden: „Sag's ihm doch selber!" Das wurde bei mir zu einer stehenden Redensart. Wenn eine Klasse lernen muß, ohne den Reflektor und Transformator Lehrer miteinander zu reden, hat sie zuvor bei diesem Lehrer gelernt, ihn als Reflektor und Transformator zu benutzen. Weil er das durch sein Verhalten provozierte und zuließ. Weil er stets seinen ‚Senf' dazugeben wollte. Weil er in jeder belanglosen Kleinigkeit sein höchstinstanzliches Urteil zum besten gab.

„Auf dem Mond wiegt ein Mensch viel weniger als auf der Erde", erklärt Matthias. Dörte nickt: „Da nimmt man ja auch ab unterwegs."

Ich bin versucht, für beide eine Lehrveranstaltung abzuhalten. Mund halten!

Busse

Es liegt nahe, daß Kinder einen längeren Namen einfach verkürzen. Aber ich kann mich nicht erinnern, daß in meinen ersten Jahren im Schuldienst Kinder meinen Namen verkürzt hätten. Ich glaube, ich habe selbst dazu beigetragen, daß es allmählich üblich wurde.

Eines Tages stellte ich fest, daß an der Klassentür immer ein ‚Ausgucker' stand, der mein Herannahen mit dem Ruf: „Busse kommt!" ankündigte.

Bei nächster Gelegenheit betrat ich dann selbst überraschend mit dem Ausruf „Busse kommt!" die Klasse.

Einen Augenblick herrschte unsicheres Schweigen. Die Kinder wußten nicht recht, was sie davon halten sollten.

Da meldete sich Ille. „Haben Sie gar nichts dagegen, daß wir Sie so nennen?"

Ich verneinte und erklärte, Lehrer hätten zu allen Zeiten Spitznamen gehabt; nur bösartige oder verletzende könne ich nicht leiden. Gegen eine Abkürzung könne keiner etwas einwenden. Ich glaube, von dieser Zeit an bürgerte sich der Name ‚Busse' bei den Kindern immer mehr ein. Die meisten benutzten ihn nur, wenn sie von mir sprachen, aber einige redeten mich so auch an. Jene Eltern, denen das weniger recht war, lernten bald, daß es nichts mit Respektlosigkeit zu tun hatte, sondern eben nur eine Vereinfachung eines ungewohnten und etwas längeren Namens war.

Inzwischen hat sich ‚Busse' so eingebürgert, daß die meisten Eltern den Namen wenn schon nicht selbst benutzen, so doch akzeptieren – und daß ich nun auch im Kollegium so angeredet werde. Gelegentlich setze ich selbst auch unter Briefe an Kinder oder Sprüche in Poesiealben als Unterschrift: „Deine Busse".

Ursula Bussemer

Lehrer i. V.

Ich habe selbst drei Kinder, von denen zwei noch in der Grundschule sind und aus deren Unterhaltungen beim Mittagstisch ich einiges lernen kann, auch, zum Beispiel, über Vertretungsunterricht aus der Sicht eines Kindes.

Die Klassenlehrerin hat sich ein Recht erworben, durch alles, was sie mit ihren Kindern gemeinsam arbeitet und erlebt, die Regeln des Zusammenlebens mit Autorität und als Identifikationsmodell zu vertreten. Sie hat sich damit auch, in Analogie zu unserem Familienmodell, das Recht erworben, von ihren Kindern Arbeit zu verlangen. Das ist heute nicht mehr selbstverständlich. Früher war es das. Deshalb war Vertretungsunterricht früher lediglich eine Sache der Organisation. Heute ist nicht mehr jedes Kind bereit, ‚Autorität zu übertragen' auf jeden, der nichts weiter als erwachsen und Lehrer ist.

Das gilt ganz besonders für unsere kleinsten Kinder, die im ersten und zweiten Schuljahr.

Wir sollten uns darüber freuen, weil damit ein emanzipatorisches ‚Erziehungsziel' erreicht ist.

Wenn wir heute als Vertretung eine Klasse betreten, so freuen sich vielleicht einige Kinder über die Abwechslung, andern ist vielleicht egal, was geschieht, die meisten aber denken etwa: Hm? Was will die denn hier!

Wenn ich dann noch fröhlich und selbstverständlich „Guten Morgen, Kinder!" sage, habe ich schon verloren. Ich kann noch so freundlich sein. Die Selbstverständlichkeit, mit der ich in ihr Terrain eindringe, meine Tasche auf des Klassenlehrers Pult stelle, die wird mir übel genommen.

Und draußen benehme ich mich ja auch höflicher. Wenn ich irgendwohin komme, wo ich nicht erwartet werde oder eingeladen bin, sage ich als erstes „Entschuldigen Sie bitte die Störung!" Ich habe mir also zum Grundsatz gemacht, wenn ich als Vertretung eine Klasse betrete, mir das Gefühl der Kinder zu eigen zu machen, daß ich hier eigentlich nichts zu suchen habe. So sage ich etwa: „Entschuldigt bitte, daß ich hier einfach so reinkomme! Herr X ist krank. Das habt ihr sicher schon gehört?" Daraus ergibt sich meist ein Gespräch: „Wann kommt er denn wieder?" „Was hat er denn?" usw. Jetzt habe ich Boden gewonnen für die Erklärung, daß auf meinem Plan heute Vertretungsunterricht für diese Klasse steht. Am gewinnendsten trete ich auf, wenn diese Erklärung den Unterton einer Bitte hat: Ich *muß* heute hier unterrichten, bitte, helft mir, daß wir das Beste daraus machen.

Nun darf ich fragen: „Habt ihr ein bißchen Platz auf eurem Pult, wo ich meine Tasche abstellen kann?" Einige Kinder sind schon bereit, das ganze Pult abzuräumen. Wenn ich nun noch sage: „Nein, ich will dem Herrn X nichts durcheinander machen, damit er alles so vorfindet, wie er es verlassen hat!" so ist das eine ‚Unterwürfigkeitsgeste', die beim Menschen denselben Effekt hat wie im Tierreich. Ich werde aufgenommen. Stoße sich niemand an dem Ausdruck! Unter uns Erwachsenen gehört diese Geste zum festen Inventar und wird bei jeder Gelegenheit benutzt. Was sagen wir, wenn wir in ein fremdes Auto zum Mitfahren eingeladen werden und der Besitzer macht den Beifahrersitz frei, auf dem etwa Sachen vom Einkauf liegen? „Ach, das ist doch nicht nötig! Machen Sie doch keine Umstände! Ich kann doch hinten sitzen!"

Ich glaube, wir hätten auch beim Fachunterricht, in dem die Grundschüler doch fast überall anders reagieren als bei ihrem Klassenlehrer, weniger Schwierigkeiten, wenn wir die zur Verfügung stehenden Verhaltensmuster nutzen und gewinnender auftreten könnten. Natürlich sollte das auch von Herzen kommen!

Christa Lemmer

Wie wir mit Zensuren umgehen

Leistungsbeurteilung ist eine pädagogische Aufgabe ... Leistungen werden in erster Linie am Grad des Erreichens einer Lernanforderung gemessen.

Rheinland-Pfalz: Landesverordnung über die Schulordnung für die öffentlichen Grundschulen vom 9. 5. 1978, § 33 (1) und (2)

Jedes Kind hat ein Recht auf zielerreichendes Lernen. Um grundlegende Bildung zu vermitteln, ist es erforderlich, daß Teilziele, auf denen nächste Lernschritte aufbauen, von allen erreicht werden. Aber nicht alle Kinder können zum gleichen Zeitpunkt und im gleichen Zeitraum gleiche Leistungen erbringen.

Nordrhein-Westfalen, Zweiter Entwurf der Grundschul-Richtlinien, 1983, 4.1

Der pädagogische Grundsatz, daß jeder Schüler einen Anspruch auf Anerkennung seiner Lernfortschritte hat, muß deshalb leitender Gesichtspunkt für die Leistungsbewertung sein.

Niedersachsen: Die Arbeit in der Grundschule (Erlaß des MK vom 7. 5. 1981, 5.)

Die Unzulänglichkeit der traditionellen Notengebung hinsichtlich der oben genannten Funktionen ist erwiesen. Deshalb sollte zunehmend von der Möglichkeit Gebrauch gemacht werden, Noten (Ziffern) durch differenzierte und gutachtenähnliche Aussagen über Interessen und Neigungen hinsichtlich bestimmter Lernanlässe, zu Lernergebnissen und ihren Verbesserungsmöglichkeiten zu ersetzen.

Hessen: Rahmenrichtlinien Primarstufe, Sachunterricht, naturwissenschaftlich-technischer Aspekt, 1976, S. 10

Erstes Zeugnis

Schulanfänger wollen gern voll ins Schulleben integriert sein. Sie haben kein Verständnis dafür, daß allein sie aus ‚pädagogischen' Gründen nach dem ersten Halbjahr noch kein Zeugnis bekommen. Sie kennen noch keinen Leistungszwang und folglich auch keine Angst vor Zensuren. Für sie bedeutet die Bewertung einer Leistung noch reine Freude.

Die Kinder selbst brachten mich auf die Idee, den Schulanfängern nach dem ersten Halbjahr ein Zeugnis, ein ‚inoffizielles', zu geben.

Holger meinte eines Tages, kurz vor den Zwischenzeugnissen: „Renate hat gesagt, bald gibt's Zeugnisse, und dann haben wir zeugnisfrei."

„Meine Schwester hat gesagt, wir aber nicht!" rief Thomas. Viele Kinder fragten mich enttäuscht: „Warum wir denn nicht?" Ja, warum eigentlich nicht?

Kurzentschlossen antwortete ich: „Ihr kriegt auch ein Zeugnis!" Sie jubelten. Ich ließ mich von ihrer Freude mitreißen: „Wir feiern sogar ein richtiges Zeugnisfest!"

Große Begeisterung. Sie steigerte sich noch, als ich ankündigte, sie brauchten am Zeugnistag keine Ranzen, sondern nur ein Pausenbrot mitzubringen.

„Und wie wollt ihr feiern?" fragte ich dann weiter.

Da kamen viele Vorschläge: „Spiele machen!" „Ganz viel vorlesen!" „Schlickersachen mitbringen und essen!" „Rätselraten!"

> „Der Erzieher vergleicht seinen Zögling nicht mit andern, er vergleicht ihn mit sich selbst ... Er ist mit keinem zufrieden, der hinter sich selbst zurückbleibt, und mit keinem unzufrieden, welcher soviel wird, als man vermutlich von ihm erwarten durfte."
>
> *J. F. Herbart in: Pädagogische Schriften, hrsg. von W. Asmus. Düsseldorf/München 1964-1965, Bd. 2, S. 168*

Nun, es würde mir wohl nicht schwerfallen, mir für die Gestaltung der drei Stunden etwas einfallen zu lassen. Aber wie sollten die Zeugnisse aussehen?

Ein Rahmen war bald gefunden. (Es gibt ja für diesen Zweck zum Glück keine vorgedruckten Formulare!) Ich nahm buntes Tonpapier, schnitt es auf DIN A 5-Größe und verzierte es durch kleine Malereien und Klebebilder.

Was aber sollte ich den Kindern darauf bescheinigen? Jedenfalls nicht das, was sie nicht konnten. Aber auch die früher üblichen Sätze „... hat einen guten Schulanfang gemacht" u. ä. waren mir zu nichtssagend. Also versuchte ich, Leistungsstände und Verhaltensweisen oder Interessen der einzelnen Kinder in wenigen Sätzen zusammenzufassen.

Am Zeugnistag war früh morgens schon die Klasse umgeräumt. Alle Tische waren beiseitegeschoben und die Stühle im Kreis aufgestellt.

Wir sangen, spielten, ich las vor. Wir machten eine lange Pause mit Safttrinken und Negerküsseessen. Zwischendurch hörte ich immer wieder die ungeduldige Frage: „Wann kriegen wir Zeugnisse?"

In der dritten Stunde las ich dann feierlich alle Zeugnisse vor und überreichte jedem Kind sein Blatt.

Beglückt zogen alle mit ihrem ersten Zeugnis nach Hause, und die meisten hoben es ebenso sorgsam auf wie alle späteren auch.

Ursula Bussemer

Differenzierte Benotung im Rechtschreiben

Wenn wir Kinder zu immer neuem Üben ermutigen wollen, müssen wir sie auch Erfolge erleben lassen.

Das Problem ist jedoch: Wie kann man bei schwachen Leistungen Mut machen, ohne die Schwäche zu verschweigen? Anders gesagt: Wie kann man mit Noten Mut machen, ohne schwache Leistungen zu gut zu zensieren?

Zur Lösung des Problems schlagen wir Ihnen vor, die Differenzierung des Lehrgangs konsequent bei den Prüfdiktaten fortzusetzen.

Wir halten es für einen entscheidenden Mangel, daß bisher auch für den Rechtschreibunterricht zwar stets Differenzierung verlangt wurde, aber nicht zugleich gesagt wurde, wie denn in der Differenzierung erbrachte Leistungen zensiert werden sollen ...

Jeder unserer Diktat-Texte ist in drei Abschnitte eingeteilt: Grundtext, erweiterter Text, Langtext.

Jedes Kind entscheidet selbst, ob es den Langtext oder einen der kürzeren Texte schreiben will. (Die große Mehrheit entscheidet sich für den Langtext, und sie bewältigt ihn auch ordentlich.)

Aber: Wer nur den Grundtext schreibt, kann höchstens ein ‚Befriedigend' erreichen; wer den erweiterten Text schreibt, kann im besten Falle ‚Gut' bekommen.

Das Bewertungsschema, schlagen wir vor, ist für alle Diktate gleich. Damit wird es für die Kinder ausrechenbar, und damit entspricht es ihrem Gerechtigkeitsempfinden. (Niemand kann mehr sagen, beim letztenmal habe ein Konkurrent mit mehr Fehlern eine bessere Note bekommen!)

Note	Grundtext	Erweiterter Text	Langtext
1			0- 1 Fehler
2		0-1 Fehler	2- 3 Fehler
3	0-1 Fehler	2-3 Fehler	4- 5 Fehler
4	2-3 Fehler	4-5 Fehler	6- 7 Fehler
5	4-5 Fehler	6-7 Fehler	8-10 Fehler
6	mehr als 5 Fehler	mehr als 7 Fehler	mehr als 10 Fehler

...

Zur Veranschaulichung dieses Verfahrens folgen hier drei Beispiele schwacher Rechtschreiber. (Die guten verursachen uns ohnehin kein Kopfzerbrechen.)

Arndt beschränkt sich in kluger Selbsteinschätzung (und beraten von seiner Lehrerin) auf die Grundanforderungen, bewältigt die mit nur einem Fehler und erhält die Note ‚befriedigend'.

Sven will mehr erreichen, schreibt gegen der Lehrerin Bedenken auch den erweiterten Text mit – und hat Erfolg: Er macht insgesamt 2 Fehler. Weil seine Lehrerin dem Prinzip ermutigender Erziehung verpflichtet ist, wertet sie den zweiten Textteil selbstverständlich mit. Sven erhält ebenfalls die Note ‚befriedigend'.

Doris überschätzt sich und schreibt sogar den Langtext. Sie leistet sich im ersten Abschnitt 1 Fehler, im zweiten drei. Beim letzten war ihre Konzentrationsfähigkeit erschöpft. Da macht sie noch einmal ein halbes Dutzend Fehler, zusammen also zehn. Weil die Lehrerin auch bei Doris dem Grundsatz der Ermutigung verpflichtet ist, wertet sie nur den ersten Absatz. Doris erhält noch die Note ‚befriedigend'. Gleichzeitig ordnet die Lehrerin an, daß Doris vorerst nicht mehr die Langform schreiben darf ...

Manfred Pollert/Gerhard Sennlaub in: Lehrerheft zum CVK-Rechtschreiblehrgang, Berlin 1983

Orden und Ehrenzeichen

Vor den letzten Zeugnissen waren die Noten und Texte vorher schon so bekannt, daß es bei der Ausgabe weder angenehme noch unangenehme Überraschungen geben würde. Aber konnte ich in Zensuren und Bemerkungen über Interessen und Fertigkeiten und Arbeitsverhalten alles ausdrücken, was ich den Kindern, vor allem den leistungsschwächeren, gern bescheinigt hätte? Ich beschloß, das diesmal in Form von ‚Orden' zu machen. Wie-

„Der Lehrer sollte das Versagen als Anzeichen dafür nehmen, wo der Schüler jetzt steht und wie er diesem weiterhelfen kann."

Kurt Singer in: Maßstäbe für eine humane Schule. Fischer-Tabu, Frankfurt 1981, S. 69

der mußten Tonpapier, Filzstifte und Aufklebebilder herhalten; daraus entstanden runde Plaketten, mit Bändern versehen. Die eine Seite wurde mit Namen und Datum beschriftet, auf die andere Seite schrieb ich den Anlaß der ‚Ordensverleihung'. Da gab es ‚Fleißorden', ‚Aufräumorden', den ‚Orden guten Willens', den ‚Wind-und-Wetter-Radfahrer-Orden' und ähnliche kleine Anerkennungen.

Man meint zwar, seine Klasse mit allen guten und schwachen Seiten jedes einzelnen Kindes zu kennen, aber es fiel mir bei einigen Kindern doch schwer, Passendes zu finden.

In der letzten Stunde vor den Ferien stellte ich die Orden ohne Nennung des Namens ihrer künftigen Träger vor und ließ die Klasse raten, wer wohl diesen oder jenen bekäme. Es war erstaunlich, wie gut sich die Kinder untereinander kannten. Meistens tippten sie den richtigen Schüler.

Zufrieden und froh sah ich zu, als alle stolz mit ihren Plaketten um den Hals nach Hause zogen. Zufrieden war ich auch über den Gewinn für mich: Die Ordensverleihung hatte mich gezwungen, intensiv über jedes Kind nachzudenken.

Jedes hatte durch den Orden mein Interesse für seine Persönlichkeit erfahren, und vielleicht habe ich einige Kinder dazu ermutigt, auf einem eingeschlagenen Weg weiterzugehen. Auf jeden Fall hat es allen Spaß gemacht.

Ursula Bussemer

Noten nach Mehrheitsentscheid

Ab dem dritten Schuljahr führt in Hessen kein Weg mehr daran vorbei: Klassenarbeiten müssen benotet werden. Ich half mir so: Seit April 1978 haben wir eine neue Verordnung über schriftliche Arbeiten. In ihr wird neben der Anzahl auch die Art der Arbeiten festgelegt. Uns stehen vier Überprüfungsformen offen: ‚Klassenarbeiten' und ‚Lernkontrollen', die zu benoten sind, ‚Übungsarbeiten' und ‚Tests' ohne Noten. Hier setzte ich an.

Diktattag. Die Kinder nehmen erwartungsvoll die Hefte heraus und wundern sich, daß ich sie einsammle.

„Sie sagten doch, wir schreiben das Diktat?“ fragt Hans-Ludwig, unruhig auf seinem Stuhl rutschend.

„Du hast schon nicht umsonst geübt“, beruhige ich ihn, „ich bin mir nur noch nicht sicher, ob alle so ein langes Diktat auch mit einer guten Note schreiben. Es ist immerhin das erste Diktat, von dem wir nur die neuen Wörter geübt haben. Ich schlage deshalb vor“, fuhr ich fort, mich an die Klasse wendend, „daß ihr das Diktat auf ein Blatt schreibt. Morgen sehr ihr dann, wie viele Wörter ihr richtig habt. Dann könnt ihr entscheiden, ob ich die Arbeit als Lernkontrolle bewerten soll.“

Gesagt, getan. Sandra atmete hörbar auf; sie erregt sich bei Klassenarbeiten erst einmal gründlich. Gelassen schreiben die Kinder den Text nieder.

Am nächsten Tag steht der Bewertungsmaßstab an der Tafel, und jeder Schüler kann von seiner erreichten Punktzahl selbst ablesen, welche Note er bekommen hätte. Großer Jubel bei einigen, die sich bei den ‚Einsen‘ und ‚Zweien‘ einreihen können.

„Ist die Arbeit gut ausgefallen?“ fragt Daniela, die schon kapiert hat, daß die Entscheidung nicht nur von der eigenen (guten) Note her gefällt werden sollte.

Ich schreibe den Notenspiegel an: fünfmal sehr gut, zwölfmal gut, fünfmal befriedigend, viermal ausreichend, zweimal mangelhaft und einmal ungenügend. Fast die halbe Klasse hat gut und sehr gut.

Die Diskussion wird eröffnet. Petra, obwohl sie selbst eine Eins hat, meint: „Ich bin gegen die Note. Ohne Note kann man auch bei einer schlechten Arbeit zu Hause sagen, es wäre noch

> „Jede Unterrichtssituation ist pädagogisch verwerflich, in der leistungsschwache Schüler hilflos zurückbleiben.“
>
> *Kurt Singer in: Maßstäbe für eine humane Schule. Fischer-Tabu, Frankfurt 1981, S. 68*

eine Vier gewesen." Sie sieht dabei wahrscheinlich ihre Freundin vor sich, die bekümmert auf die Fünf starrt.

Sandra dagegen verteidigt die Benotung: „Nun hab ich endlich mal die Drei, da sollen die meine Eltern auch sehen!"

Die Kinder bringen noch viele Gründe für und wider die Benotung vor. Dann lasse ich abstimmen.

„Augen in die Armbeuge – es soll jedes Kind sich selbst entscheiden! Jeder hat nur eine Stimme. Wer dafür ist, daß diese Arbeit benotet wird, hebt die Hand!"

Erstaunt zähle ich, wer alles für und wer gegen die Zensierung ist. Einige ‚Vierer' stimmen für die Note, einige ‚Einser' dagegen – verwunderlich!

Das Abstimmungsergebnis ist 19 : 10. Ich muß also die Noten unter die Lernkontrolle schreiben (denn so mußte ich die Arbeit nun nennen, sonst hätten wir sie als ‚Übungsarbeit' bezeichnet).

Gerhild Kirschner

Noch mal!

Wenn wir Klassenarbeiten schreiben, sind die in aller Regel so gründlich vorbereitet, daß es Fünfen und Sechsen kaum gibt. Das tue ich schon im eigenen Interesse: Jedes gute Ergebnis ist auch mein Ergebnis. Jede Note sagt etwas über den Erfolg meiner Arbeit.

Ich tue es auch im Interesse der Kinder: Schlechte Noten spornen nur in seltenen Ausnahmefällen an. Meist ruinieren sie nur die Anstrengungsbereitschaft der Kinder.

Diesmal haben drei der Meinen ‚mangelhaft' in der Mathe-Arbeit. Drei von 32 sind nicht viele? Es sind fast zehn Prozent. Ein veritabler Mißerfolg meines Lehrens und ihres Lernens.

Lange Jahre nahm ich so was gedankenlos hin. Aber diesmal sagt Simone: „Dem Georg ging es doch in der letzten Zeit nicht gut. Der müßte die Arbeit eigentlich noch mal schreiben."

Das ist die Idee.

Wer zwingt mich eigentlich, mich zum Gefangenen dieser bestußten Skala zu machen? Wer zwingt mich, sie an Kindern zu exekutieren?

Vier Tage lang während der Freiarbeit setze ich mich mit den Dreien jeweils zwanzig Minuten zusammen, erkläre und übe mit ihnen. Dann schreiben sie die Arbeit noch einmal. Diesmal klappt es.

Seither gibt es keine Fünfen und Sechsen mehr. Im Falle eines Falles steht gar keine Note darunter, und das heißt: Das machen wir noch mal!

Nach langen Diskussionen haben wir entschieden: Besser als ‚ausreichend' kann es beim zweitenmal nicht werden. Sonst fühlen sich andere Kinder benachteiligt. Hier merkt man, daß die ganze Sache ein Behelf ist. Aber man kann auch mit Behelfen helfen, wie Horst Bartnitzky sagt.

Ein Trick sei das sogar? Wieso denn? Ich will doch nicht Gerichtstage veranstalten, sondern ich will, daß alle Kinder Ziele erreichen. Wenn eines das ausnahmsweise nicht im ersten Anlauf schafft, dann verhelfe ich dem zu einem zweiten, und ich gebe dabei Hilfestellung. Eigentlich selbstverständlich – oder?

Zeugnis für die Lehrerin

Als wir im letzten Jahr ein paar Tage vor dem Schuljahresende über die Zeugnisse sprachen, fragte mich ein Kind: „Und wer gibt dir ein Zeugnis?"

Sofort griffen alle den Vorschlag mit Eifer auf: „Wir schreiben ein Zeugnis für Busse!"

Damit keine Erwachsenen hineinreden konnten, bekam jeder sofort ein Blatt Papier und durfte der Lehrerin ein Zeugnis schreiben.

Im allgemeinen konnte ich mit meinen Zensuren zufrieden sein. Die meisten Kinder hatten sich an das Schema ihrer eigenen Zeugnisse gehalten und mir für die einzelnen Fächer Noten von 1 bis 4 erteilt. Nur im Schwimmen bekam ich von vielen eine Fünf, weil ich einmal erzählt hatte, daß ich nicht gerne tauche oder ins Wasser springe.

Einzelne Kinder hatten auch neue ‚Fächer' oder überraschende Bemerkungen hinzugefügt. So erhielt ich von Thomas in ‚Schreien' eine Eins. Als ich nachfragte, ob das etwas Gutes oder etwas Schlechtes bedeute, erklärte er: „Früher haben Sie manchmal so laut geschrien, heute fast nie mehr; deshalb bekommen Sie eine Eins."

Andreas schrieb: „Sie kann sehr schön an die Tafel schreiben, aber manchmal schmiert sie. *Wir* sollen immer schön schreiben!" Solch ein Zeugnis zwingt zum Nachdenken über eigenes Verhalten im Unterricht. Es trägt auch dazu bei, in Kindern das vage Gefühl des Ausgeliefertseins abzubauen, wenn sie erfahren, Zeugnisschreiben ist umkehrbar.

Vielleicht sollte man sich öfter mal von seinen Schülern ein Zeugnis ausstellen lassen?

Ursula Bussemer

Wie wir Feste feiern

Die bekannten Formen des Schullebens wie z. B. das Spiel, die Vorbereitung und Gestaltung eines Festes oder einer Feier bieten Freiräume zum Lernen, für spontanes Handeln und Gestalten. In ihnen können Beziehungen zu Mitmenschen aufgenommen und gepflegt, Aufgaben und Sachverhalte gemeinsam erkannt und bewältigt sowie Erfahrungen ausgetauscht und weitergegeben werden.

Nordrhein-Westfalen: Zweiter Entwurf der Grundschul-Richtlinien, 1983, 3.1

Schulfeste, Klassenfeiern, gemeinsames Spiel und Ausstellungen der Schule fördern die Gemeinschaftserziehung und das Schulleben.

Rheinland-Pfalz: Landesverordnung über die Schulordnung für die öffentlichen Grundschulen vom 9. 5. 1978, § 9 (1)

Das tägliche Zusammenleben und die Art des Umgangs miteinander prägen das tägliche Schulleben. Auf dieser Grundlage bilden Spiele, Feiern und Geselligkeit Höhepunkte.

Niedersachsen: Die Arbeit in der Grundschule (Erlaß des MK vom 7. 5. 1981, 6.)

Papierflieger

Plötzlich, während die Kinder überm ‚Sprachbuch' schwitzen, segelt ein schnittig gefaltetes Stück Papier in sanftem Bogen über die Köpfe. Matz, der Absender, strahlt mich an: „Gut, woll?" flüstert er. Ich winke ab: „Später!"

Aber nun hält es ‚Anton' nicht mehr. Er benutzt die Papierreserve, die seit Generationen Stoff für Schiffchen, Papierkügelchen, Briefe und Flieger liefert: Er verarbeitet eine Seite aus seinem Heft zu einem kleinen Flitzer, der torkelnd durch die Klasse schießt. Nun ist's aber genug! Ich sage es entschieden, und da wissen sie, daß sie aufhören müssen.

In der Pause merke ich: Nach Gummitwist und dem Fangspiel: „Mädchen die Jungen" ist eine neue Mode über uns gekommen: Papierflieger. Mir wird angesichts der auf allen Treppenstufen faltenden Kinder klar, daß ich nicht fortwährend davon reden kann, die Interessen und Bedürfnisse der Kinder müßten ins Zentrum der Schularbeit gestellt werden, wenn ich ein so starkes Interesse, drängt es sich einmal auf, ignoriere. Darum suche ich in der nächsten Pause mit ein paar ‚Fachleuten' aus dem Papierschrank im Keller geeignetes Papier heraus und schneide einen Stapel zurecht.

Wir ändern unser Programm. In der folgenden Stunde ‚haben' wir Flugzeugproduktion. Drei Modelle, stellen wir fest, sind bekannt. Anton und Jens können je eines bauen, Matz beherrscht neben dem Jens-Modell noch ein weiteres. Ich kann leider kein einziges mehr falten, obwohl ich, ihr Lieben, früher mal ein ganz guter Flugzeugbauer war. So schließe ich mich ‚Antons' Lehrlingsgruppe an.

In den nächsten Tagen tauchen noch einige weitere Modelle auf, von Vätern, älteren Brüdern und Freunden initiiert. Ich schreibe einen Wettbewerb aus und veröffentliche die Ausschreibung an der Korkwand:

AUSSCHREIBUNG

Am 15. Juni wird ein Wettfliegen mit Papierfliegern veranstaltet. Der Wettbewerb findet in zwei Arten (‚Disziplinen‘) statt. Jede Disziplin wird getrennt bewertet.

1. Disziplin: Wettfliegen; Sieger ist der Flieger, der am weitesten geradeaus fliegt.
2. Disziplin: Kreisfliegen; Sieger ist, wer einen Kreis von mindestens 5 m Durchmesser fliegt und am nächsten beim Startpunkt landet.

Teilnehmen dürfen alle Kinder aus der Klasse 3 B. Schiedsrichter ist der Lehrer.

In den nächsten Wochen wird unermüdlich gefaltet, geknifffelt, geschnippelt. Nach und nach verlieren jedoch immer mehr Kinder das Interesse. Schließlich bleibt etwa ein Dutzend als ‚harter Kern‘, und hätte nicht auch ich zu diesem Kern gehört, wäre er wohl noch kleiner geworden.

Wir bauen nicht einfach Gebrauchsflieger, sondern wir stellen in gewissenhafter Handarbeit lauter Kunstwerke her, bemalen sie, kennzeichnen sie mit unseren Initialen.

Mit unseren Probewettbewerben auf dem Schulhof stecken wir Schüler anderer Klassen an, fordern die zum Wettfliegen heraus und werden herausgefordert.

Die Ausschreibung muß im Lehrerkollegium beraten und geändert werden. Es gibt jetzt Klassenmeisterschaften und, für die Meister jeder Disziplin und Klasse, eine Schulmeisterschaft.

Die Papierbiester stecken in jedem Strauch, hängen in jedem Baum, liegen hinter jedem Maulwurfshügel auf der Spielwiese. Der Hausmeister murmelt finstere Drohungen. Wir richten einen Ordnungsdienst ein.

Jetzt, da die Sache so weit gediehen ist, können wir die Sieger nicht mit einem Handschlag abspeisen. Wie kommt man an Urkunden?

„Claudia, gibt's bei euch im PSV Urkunden?“

„Ja, manchmal!“

„Sag bitte euerm Trainer einen schönen Gruß, er möchte mal aufschreiben, wo der Verein seine Urkunden kauft."

Eine Woche später bringt Claudia einen Prospekt. Er enthält Angebote für Dutzende von Urkunden aller Arten und Größen, Siegerkränze, Teilnehmerschleifen, Armbinden, Pokale ... Wir suchen eine geeignete billige Urkunde aus.

Das Drucken des Textes würde zu teuer werden. Wir machen das mit dem Umdrucker und kleben die Texte einfach auf die untere Urkundenhälfte. Die Namen werden wir später mit Ausziehtusche einsetzen.

Einige Kinder fiebern dem großen Tag wie Weihnachten entgegen. Aber der Tag des Wettfliegens ist gar nicht die Hauptsache. Das Wichtige und Freudemachende hat bereits in den Wochen des Probens und Tüftelns stattgefunden.

Zwei-Finger-Pfiff

Armin, 6, steckt während der Stillarbeit mit Buchstaben-Magneten die eigenartig gekrümmten Daumen und Zeigefinger in den Mund. Er pustet leise, immer wieder. Dann bosselt er mit spuckfädenziehenden Fingern wieder an den Magnetbuchstaben. Nach einer Weile wiederholt sich das Spiel von vorn: Armin trainiert das Pfeifen auf zwei Fingern.

> „Jede Pädagogik ist verfehlt, die sich nicht zunächst auf den zu Erziehenden stützt, auf seine Bedürfnisse, seine Gefühle und seine innersten Wünsche."
>
> *Célestin Freinet in: Pädagogische Texte. rororo, Hamburg 1980, S. 28*

Als er es mir erklärt hat, frage ich die Kinder: „Wer kann's denn?“ Niemand. Armin fragt mich: „Kannst du's?“ Leider nicht. Ich halte das schon lange für einen ärgerlichen Mangel.

„Wer als erster einen langen Pfiff kann – richtig fii-ütt! – kriegt einen Preis.“

„Was für einen Preis?“

Ich sehe in meiner Schublade nach. Da liegt noch das Poster aus ‚spielen und lernen‘: Hexe am Spinnrad mit dem Text „Ich glaub, ich spinne!“ Das wird als Preis ausgesetzt. Dann erörtern wir, was ein ‚langer‘ Pfiff sei. Könnte sein, jemand reklamiert den Preis für einen Piepser. Ich empfehle: Wer vor der Tür der Hausmeisterwohnung so laut pfeift, daß der Hausmeister öffnet, den wollen wir als Meisterpfeifer anerkennen.

Einige Wochen später, ich hatte die Sache schon wieder vergessen gehabt, gewann Armin den Preis. Zeugen waren alle Kinder der Klasse 1 b, die zusammengedrängt eine halbe Treppe tiefer lauerten und spontan Beifall klatschten, als die Frau des Hausmeisters auf Armins Pfiff – fii-ütt! – die Tür öffnete.

Schwimmfest

Der Zufall hatte den Drittkläßlern ein halbes Jahr Schwimmunterricht beschert. Weil meine Schwimmkünste begrenzt sind, hatte ich Frau Achilles, eine Schülerin-Mutter, um Mitarbeit gebeten. Zum Halbjahresende veranstalten wir ein „Schwimmfest“. Das ist kein aufwendig vorbereitetes Fest, sondern die letzte Doppelstunde vor den Ferien wird einfach zum „Fest“ ernannt. Die mancherorts üblichen pompösen Veranstaltungen ‚bringen‘ bestimmt nicht viel mehr.

Wir bieten Schwimmern und Nichtschwimmern gleichermaßen Chancen: Zuerst gibt es natürlich ‚richtiges‘ Schwimmen, 25 und 50 m „vorwärts“ und „rückwärts“. (Da im Eifer bei Bauch- und Rückenlage ein Stil vorherrscht, der Elemente des Brust- und Kraulschwimmens sowie des Hundepaddelns verbindet, haben wir uns auf diese Bezeichnung geeinigt.)

Für die Beinahe-Schwimmer gibt es Brett-Paddeln, Ausführung a) auf dem Brett liegend, Ausführung b) das Brett schiebend. Für die Nichtschwimmer ‚Wasserpflügen' (Schnellaufen in brusthohem Wasser), ‚Wassertreten' (Hüpfen durch kniehohes Wasser mit zusammengebundenen Füßen), Unterwasserkriechen, Unterwasserhandstand und Unterwassertanz (Stilnoten vom Lehrer, der auf diese Weise Benachteiligungen ausgleicht). Höhepunkt aber wird das Springen. Erste Abteilung: ‚ernsthafte' Fuß- und Kopfsprünge vom Einer und Dreier. In der zweiten Abteilung stehen exotische Disziplinen auf dem Programm: ‚Arschbombe', ‚Hängebauchschwein' und ein ‚Kürsprung', möglichst grotesk verrenkt, für den ein passender Name mitzuerfinden ist.

Die in Scharen gekommenen Eltern (alle barfuß, mit hochgekrempelten Hosenbeinen und geschürzten Röcken, alle naß von ‚Arschbomben' und ‚Hängebauchschweinen': das verbindet!) sehen zum Abschluß ein paar Gruppenvorführungen: Strampelreigen, Parademarsch (eine Jungenkolonne tritt Mann für Mann in den Abgrund) und Spritz-Rock'n Roll.

Zum Abschied kriegt jedes Kind ein rotes Stoffabzeichen mit aufgedrucktem Schulnamen und dem Text „Schwimmfest 197__". Die Schlußziffer ist mit Tusche eingesetzt. Vorteil: Wir kauften mit großem Preisnachlaß die Teilnehmer-Schleifen für mehrere Jahre gleichzeitig.

Gesundheits-Paß

An einem Montag im bitterkalten Februar fehlten vier Kinder von 32. Irgendein Infekt, der mit drei Tagen hohen Fiebers begann und danach nur langsam abklang. Am Dienstag waren es schon sechs. Am Mittwoch acht.

Was sonst irgendwann zwischendurch geschieht oder gar vergessen wird, geriet nun zum Ritual: Anwesenheitsliste führen. Jeden Morgen rief ich alle Kinder nach der Klassenbuch-Liste auf. Für die Kranken hatten wir ein bedauerndes „Oaa!“ im Chor, und wir Gesunden klatschen einander Beifall für unsere Widerstandsfähigkeit.

„Iris?“ Klatschen.

„Steffi?“ „Oaa!“

Am nächsten Morgen waren es noch 17 Gesunde, am Mittwoch ganze zwölf. Zwölf Aufrechte konnten sich nicht genug tun ob ihrer unerschütterlichen Gesundheit.

In der Pause schrieb ich eine ‚Urkunde‘, die Sven zwölfmal kopierte:

URKUNDE

Im Jahrhundertwinter 1978/79, als alle Kehlen krächzten und alle Nasen liefen, sorgte

____

mit unerschütterlicher Gesundheit dafür, daß die Schule nicht geschlossen werden mußte.

Den Rand verzierte ich mit flüchtig skizziertem rankenähnlichen Geschlängel. Die Kindernamen wurden von Hand eingesetzt, die Urkunde wurde gesiegelt und von allen Lehrern der Klasse unterschrieben.

Die Urkunden-Verleihung wirkte wie die Aufnahme in einen Geheimbund. Kinder, die einander sonst fremd waren, kamen sich näher, freundeten sich gar an. Sie gingen nicht nur stolz nach Hause, hefteten die Urkunde nicht nur übers Bett (wo sie bei manchem heute noch hängt, drei Jahre danach). Sie erlebten auch intensiver als sonst die Gemeinschaft, konnte es morgens gar nicht abwarten, zur Schule zu gehen. Ein paar Tage lang wurde Schule zum Synonym für Freude, Kameradschaft, Gemeinschaft. Ich meine, so etwas könne nicht ohne Folgen für die nächsten Wochen bleiben.

Frühlingsanfang

Kaum eine Jahreszeit wird mit soviel Sehnsucht erwartet wie der Frühling, erst recht, wenn der Winter sich so unendlich auszudehnen scheint wie im letzten Jahr. Als dann endlich im März, gerade rechtzeitig um den 21. herum, die Sonne schien, stieg unser aller Stimmung enorm an. Spontan entschlossen wir uns, den ersten kalendarischen Frühlingstag mit den Kindern gemeinsam zu begrüßen.

Wir stellten im Eingangsbereich unserer Schule Sträuße in die Bodenvasen (Zweige mit Kreppblüten hätten es auch getan) und trafen uns zum Singen in der Halle.

Bei „Hei, so treiben wir den Winter aus!",
„Singt ein Vogel im Märzenwald" und
„Nun fängt das schöne Frühjahr an"
erfuhren auch diejenigen, die es noch nicht wußten, daß Frühlingsanfang war.

Die Kinder fanden dieses unvorhergesehene kleine Fest „ganz toll". Ein ‚I-Männchen' erzählte hernach zu Hause begeistert: „Unsere Lehrer haben heute so fröhlich ausgesehen."

Regina Thulesius

Kindergeburtstag

Kommt eines der Kinder mit einer Plastiktüte in die Klasse, könnt ihr wetten: es hat Geburtstag. Wer Geburtstag hat, spendiert uns allen Leckereien.

„Was haste denn da drin?" „Wart's doch ab!" Denn obwohl es stets Kleinigkeiten sind: Kein Kind will sich das Ritual entgehen lassen. Zu dem gehört: Der Tüteninhalt wird erst im letzten Augenblick bekanntgegeben.

Irgendwann zwischendurch, wenn wir nach einer Phase Anspannung Erholung nötig haben, eröffne ich die kleine Feier.

Ich stelle einen der Stühle ins Tischgeviert. Das Geburtstagskind setzt sich auf den Stuhl. Seit ich oft eine Sonderration zu ergattern versuche („Ich bin schließlich der Lehrer!") und dabei mancherlei Tricks und Übertölpelungsversuche anwende, gehört es zum Zeremoniell, daß die Süßigkeiten-Tüte mit auf den Stuhl genommen wird. Nur dort ist sie vor mir sicher.

Das Geburtstagskind wählt aus der schreienden und händereckenden Schar sechs bis acht Freunde. Es gehört zu den größten Auszeichnungen im Schulleben, in einen solchen Geburtstags-Hofstaat berufen zu werden.

Die Auserwählten fassen nun den Stuhl, spreizen die Beine und knicken stemmbereit in den Knien ein. Wir alle singen: „Hoch soll sie leben ..., dreimal -". Dann wird die auf dem Stuhl dreimal hochgehoben. Wohlgenährte Kinder werden gestemmt, und da fasse ich mit an. Leichtgewichte werden emporgeschleudert. Ich bleibe in Reichweite, um Stürze verhindern zu können.

„Der staatliche Schulunterricht der Gegenwart hat in der Praxis die reformpädagogischen Traditionen und die spärlichen Versuche zu deren Wiederbelebung nach dem zweiten Weltkrieg fast völlig vergessen ...
Die Einbettung des kindlichen Lebens in Erfahrungszusammenhänge, in verbindliche soziale Aufgaben, in die verantwortliche Mitgestaltung des Schullebens durch Schüler und Eltern, ... in den Wechsel von Arbeit und Spiel, in die Spannung zwischen Alltag, Fest und Feier – all das, was nach dem anthropologischen und pädagogischen Erkenntnisstand unserer Zeit die lebensvolle Grundlage für ichbedeutsames, kindgemäßes und bildendes Lernen abgibt, bleibt unter dem übermächtigen Einfluß einer immer weiter schreitenden technologischen ‚Schulreform' randständig oder völlig verdrängt."

Friedemann Maurer in: Vergißt die Schule unsere Kinder? Piper, München 1978, S. 67 f.

Dann wird endlich das Geheimnis der Tüte preisgegeben. Manche Geburtstagskinder gehen im Tischgeviert herum und teilen jedem seine Ration zu. Ein grünes Bonbon und zwei gelbe. Oder ein Kaubonbon und ein Autobildchen. Das hält sehr genau. Leckereien in Papier dürfen nur im Tischgeviert ausgegeben werden, und einer von uns wandert dann mit dem Papierkorb hinter dem Jubilar her. Nichts ärgert Hausmeister so sehr wie plötzlich massenhaft umherfliegendes Bonbonpapier.

Andere Geburtstagskinder stellen sich nach Stundenschluß in die Tür und geben ihre Gaben beim Hinausgehen. Die Pause ist fast vorüber, bis sie den feierlichen Akt abgehandelt haben.

Weil Vorfreude die schönste Freude ist, hängt in der Klasse ein Geburtstagskalender. Frau Kammann, Fotografin von Beruf, hat auf zwölf Fotografien die Geburtstagskinder jedes Monats gemeinsam abgebildet, und Kinder haben die dazu gehörenden Kalenderblätter gestaltet. (Das war vor zwei Jahren mein Weihnachtsgeschenk.) Der Kalender hängt nun in der Klasse und zeigt an, wann wir wieder ein Fest zu erwarten haben.

Lehrergeburtstag

An meinem Geburtstag liegen ein paar frisch gerupfte Blümchen und allerlei Selbstgemaltes und Selbstgebasteltes auf dem Tisch. Connys Mutter gibt sich mit dergleichen Kram nicht zufrieden. Die hat ihrer Tochter ein Fläschen Likör oder eine Schachtel Mozartkugeln besorgt, mit Schleife verpackt. Und das protzt dann da in auffälliger Bescheidenheit. Ich kann's nicht ändern. Die Hauptsache aber sind zwei bis drei dicke Pakete. Alle wissen, was es mit diesen Paketen auf sich hat, aber das mindert ihr Vergnügen überhaupt nicht.

Irgendwann im ersten Schuljahr hatte Iris einmal ein kleines Geschenk in ein Dutzend ineinandergesteckter Döschen, Schachteln und Kartons verpackt. Seit ich dieses Geschenk in gespielter Verzweiflung auspackte, kriege ich zum Geburtstag jedesmal Gelegenheit, dieses Schaustück zu wiederholen. Am Ende türmen sich zerknüllte Zeitungen ums Pult, und ich versuche mich schimpfend und zeternd aus einem schrecklichen Gewirr von Klebeband zu befreien.

Wenn ich meine Pflicht getan habe, hole ich meine Plastiktüte hervor. Bei den Kindern ist es wohltuend eingehaltene Regel, nur Kleinigkeiten zu schenken. Von mir aber erwarten sie, daß ich mich anstrenge. Das tue ich dann auch.

Und selbstverständlich gibt's zur Feier des Tages keine Hausaufgaben.

Fest mit Buffet

Eine schöne Zeit muß auch einen schönen Abschied finden, meinen wir. Deshalb ist der Abschied von der Grundschule für unsere vierten Klassen immer mit einem Fest verbunden.

Die Kinder laden ihre Eltern ein, nicht ohne vorher ein umfangreiches Programm ausgetüftelt zu haben. Da werden Theater- oder Kasperstücke vorbereitet, Lieder eingeübt, da wird gedichtet (endlich ist auch gute Gelegenheit, die Lehrer aufs Korn zu nehmen) und mit den Eltern gespielt.

Hefte aus dem ersten Schuljahr werden vorgezeigt unter dem Motto: So haben wir einmal angefangen! Fotos von Klassenausflügen der letzten vier Jahre machen die Runde.

Krönung ist immer das Kalte Buffet, denn die Eltern lassen sich nie lumpen, und meistens ist die Salatauswahl so reichlich, daß auch der nächste Tag proviantgesichert ist.

Ein bißchen Wehmut und Abschiedsschmerz ist natürlich auch immer dabei; so eine Abgängerin:

„Die Grundschulzeit war wirklich schön,
nur werd' ich sie nicht wiedersehn."

Leider nicht ganz unberechtigt, wie man weiß.

Regina Thulesius

Gedicht-Geschenk

An den Trieb zu schenken und Freude zu machen, wenden wir uns auch in der Schule, indem wir die Einrichtung treffen, daß jedes Kind sich zu seinem Geburtstage drei Gedichte und drei Lieder wünschen darf. Das gibt dann einen edlen Lern-Wettstreit, und der Lehrer hat dabei eigentlich nur eins zu tun: die nötigen Gedichtbücher zu beschaffen. Selbstverständlich kann auch *er* einem Schüler seinen Geburtstagswunsch erfüllen, wogegen er wiederum auch an seinem Geburtstag seine drei Gedichte und drei Lieder dargebracht bekommen wird.

Rechnen wir die Klasse zu 20 Schülern, so macht das 60 Gedichte und 60 Lieder im Jahre, so viele schreibt kein Lehrplan vor, ja, so viele Schulgedichte gibt's kaum.

Es will also gar nichts besagen, wenn nicht alle Kinder alle Gedichte lernen und wenn manche zehnmal im Jahre aufgesagt werden. Wir sehen: sogar die Wiederholungsfrage ist gelöst.

Ja, ist aber nicht dieses ganze Wünschen unecht und einfach eine geistlose Manier? Wenn man es dahin kommen läßt, ja, dann ist's besser, es unterbleibt. Wenn Kinder sich Gedichte wünschen sollen, und der Wunsch soll echt sein, so müssen sie viele, viele Gedichte kennen und immer wieder neue hören ...

Und wenn der Kamerad nun das Geburtstagskind bei Deklamation enttäuscht? Wenn er's ihm nun nicht schön genug gesagt hat? Nun, lieber Leser, dann erfordert vielleicht die gute Sitte, daß man an dem Geburtstagsgeschenk trotzdem nicht mäkelt ...

Die Geburtstagsfeier kann zu einem Höhepunkt im Schulleben werden, wenn sie z. B. einmal im Monat stattfindet. Allen denen, die in diesem Monat Geburtstag hatten, wird von den Kameraden und Kameradinnen ein gemeinsamer Geburtstagstisch bereitet. Jedesmal wird ferner ein genaues Programm über den Verlauf dieser Feier angefertigt. In der Schule steht das selbst ausgewählte und selbst gekaufte Kaffeegeschirr für diese Feiern immer bereit. Die älteren Mädchen decken die Tische mit selbstgenähten und selbstgestrickten Kaffeedecken. Aus der Haushaltungsküche bringen sie den selbstgekochten Kaffee und den selbstgebackenen Kuchen. –

Und dann ein paar Lichter, ein paar schöne Volkslieder mit Mandolinenbegleitung, ein paar Gedichte, ein paar schöne neue Geschichten.

Johannes Kretschmann in: Natürlicher Unterricht. Wolfenbüttel – Hannover 1948, S. 77 f.

„Das Resultat dieser Untersuchungen ... lautet zusammengefaßt: ‚Sollen Kinder Freude am Leben haben, alle ihre Möglichkeiten entfalten und zu Erwachsenen heranreifen, die sich in die Gemeinschaft integrieren ...', dann müssen ... vier ‚Grundbedürfnisse' erfüllt werden ...: das Bedürfnis nach Liebe und Sicherheit, nach Erfahrungen, nach Lob und Anerkennung und Verantwortung."

Wilhelm Wittenbruch über die britische National Child Development Study in: In der Schule leben. Kohlhammer, Stuttgart ... 1980, S. 109

Wie wir uns auf Weihnachten freuen

Die Grundschule bietet dem jungen Menschen einen Lebens-, Lern- und Erfahrungsraum, in dem die kindliche Persönlichkeit angenommen und vielseitig gefördert wird.

Nordrhein-Westfalen: Zweiter Entwurf der Grundschul-Richtlinien, 1983, 1.1

Außderdem muß sie (die Schule) dafür sorgen, daß eine ausgewogene Förderung aller persönlichkeitsbildenden Gefühls- und Charakterkräfte erfolgen kann.

Schleswig-Holstein: Übersichten zu den Lehrplänen Grundschule, Entwurf, 1983, Vorbemerkung: Erziehung und Unterricht in der Grundschule

Vorfreude-Spektakel

Mein Standard-Lied vor Weihnachten hat einen Stich ins Grobe und wird ausschließlich schmetternd gesungen. Es ist das alte Nikolaus-Lied „Bald, ihr Kinder, wird's was geben“, leicht abgewandelt. Bei Schulanfängern ist es ähnlich beliebt wie in vierten Klassen.

Am ersten Dezember geht's los:

„Bald, ihr Kinder, wird's was geben,
bald, da werden wir uns freu'n!
Welch ein Jubel, welch ein Leben
wird in unserm Hause sein ...“

Danach wird's laut. Die beiden letzten Zeilen werden nämlich geschmettert, trompetet, geschrien, und die ganze Bande klatscht dazu in die Hände:

Fünfmal werden wir noch wach:
Heißa, dann ist Niklaustag!

Am folgenden Tag, während die Kinder über einer Sprachbuchaufgabe schwitzen und die ersten bereits Überdruß zu erkennen geben, sage ich spontan: „Mir fällt da gerade etwas ein. Legt doch mal die Schreibsachen hin!“ Während die Kinder neugierig folgen, sage ich mit gedämpfter Stimme: „Heute ist der zweite Dezember!“

Die Kinder erinnern sich und setzen sich in freudiger Erwartung zurecht. Und nun zählen wir feierlich an den gereckten Fingern die noch verbleibenden Tage ab: „Dritter Dezember (ein Finger), vierter Dezember (zweiter Finger), fünfter Dezember (Finger Nummer drei), sechster Dezember“: Vier Finger recken wir alle hoch, und so wissen wir auch, wie der Text heute lautet: „Viermal werden wir noch wach!“

Am Nikolaustag heißt es endlich: „Keinmal werden wir mehr wach, heißa, heut' ist Niklaustag!“

Schade, das tägliche Zähl-Singen ist nun vorbei. Und wir hatten uns gerade daran gewöhnt. Wir werden es vermissen ... Warum eigentlich: Die Hauptsache, das Weihnachtsfest, steht uns doch erst bevor!

Also beginnen wir nach Nikolaus von vorn. Jetzt zählen wir die Tage bis zum Heiligen Abend: 17, 16, 15 ... Die Begeisterung ob der immer kleiner werdenden Zahlen (sie werden täglich mit gespreizten Fingern ausgezählt) läßt uns den Rhythmus des Refrains mit den flachen Händen auf die Tischplatten schlagen und gar mit den Füßen stampfen: Es ist ein spektakelndes Ritual der Vorfreude, an dem wir Tag für Tag unsere Freude haben. Deutsches Gemüt findet nicht statt. Aber es macht Spaß!

Seelenstündchen

Viele Tage in der Vorweihnachtszeit beginnen mit einem ‚Seelenstündchen' (den Kindern gegenüber nicht so genannt). Manchmal, wenn der Himmel sich während des Tages plötzlich mit Winterwolken verdunkelt, legen wir solch eine Zeit auch zwischendurch ein. Warum soll man immer Licht anknipsen, wenn es fürs Schreiben zu dunkel ist? Oft ist das besser:

Die ‚Flöten-Mädchen' holen ihre Blockflöten heraus und flöten uns eins, wir zünden ein paar Kerzen an und erzählen uns was, einige Kinder haben sich in der Pause spontan als Chor verabredet, der uns nun einen in der ‚Jungschar' gelernten Kanon vorsummen will.

Schule präsentiert sich nicht als Lehranstalt, sondern Kinder gestalten gemeinsam mit dem Lehrer ihren Lebensraum Schule, in dem sie sich „glücklich fühlen" (Richtlinien NW).

Damit ich das Glück nicht durch Schimpfen beeinträchtigen muß, haben wir vereinbart, daß auf jedem Tisch nur eine Kerze brennen darf. Feuer allein ist schon eine große Versuchung für Kinder. Aber Feuer und weiches Wachs zugleich scheinen unwiderstehlich zu sein. Wenn dann noch eine zu Herzen gehende Geschichte erzählt wird, merkt Fränzi gar nicht, daß sie plötzlich an der Kerze zu bohren und zu pröckeln beginnt ... Vereinbart ist auch: Wer mit Wachs-Kügelchen schmeißt, dessen Kerze wird auf einen der Raumteiler gestellt.

Weihnachtsfeier anders

Ich liebe die Weihnachtszeit, auch in der Schule, verhaßt sind mir aber die vielen Feiern, die alle erwarten, mit ungeheurem Aufwand vorbereiten, veranstalten – und die zu genießen sie schließlich zu müde sind.

Ich habe es einmal anders versucht. Wie oft bedauern die Kinder, daß sie all die vielen Lieder, die sie in der Schule lernten, zu Hause nie singen konnten: Keiner kannte sie.

So haben wir alle unsere neuen Advents- und Weihnachtslieder aufgeschrieben und für alle Eltern der Klasse ‚abgezogen'.

Eingeladen haben wir zum Singeabend. Es bedurfte keiner großen Vorbereitung, ein paar Kerzen auf den Tischen und Tannenzweige schmückten ohnehin den Klassenraum.

Wir sangen und begleiteten mit Flöten und Orff-Instrumenten die im Unterricht erlernten Lieder und forderten zum Mitsingen auf: eine Strophe die Kinder, eine die Eltern, eine alle zusammen. Zuerst war der Gesang etwas spärlich, aber bald hatten die Kinder ihre Eltern mutig gemacht, das Singen machte Spaß, zwei Stunden lang musizierten wir gemeinsam.

Zum Schluß waren alle zufrieden. Niemand hatte sich abgekämpft – weder vor Anspannung, ob denn auch alles klappt, noch vom Aufräumen danach.

Es war ein Abend ohne Geschenke, aber dennoch nicht ohne Zugewinn.

Regina Thulesius

Der Überbetonung der Wissensvermittlung muß entgegengehalten werden, daß auch Sich-Wohlfühlen, Sich-Freuen, das Selbstgefühl des Könnens Erfahrungen sind, die die Schüler in der Schule machen sollten."

Kurt Singer in: Maßstäbe für eine humane Schule. Fischer-Tabu, Frankfurt 1981, S. 169

Transparente

Erstkläßler schnippeln Faltsterne aus Silberfolie. Zweitkläßler schneiden Pappsterne und hinterkleben die mit buntem Transparentpapier. ‚Die Dritten' aber versuchen etwas sehr Schwieriges: Sie konstruieren Sterne mit Zirkel und Lineal. Das erste der drei großen Fenster unseres Zimmers wollen wir mit lauter aneinandergesetzten rechteckigen Sternstücken zum fugenlosen ‚Sternfenster' machen.

Weil die Aktion aufregend zu werden verspricht, kommen an diesem Samstag sechs Mütter in die Schule. Sie haben sich auf zwei Stunden eingerichtet.

Zuerst schneiden wir die Pappstücke alle gleich groß. (Ein halbes Dutzend Kinder muß mit Mütter-Hilfe neu beginnen, weil es krumm und schief schnitt.) Dann nenne ich das zweite Ziel und erläutere es an der Tafel: Ein Kreuz „genau in die Mitte" zeichnen. Dazu halbieren wir jede Seite mit dem Bleistift. (Eine Staatsaktion, bei der ein Lehrer alle Gelassenheit aufwenden muß, deren er fähig ist.) Nun verbinden wir die gegenüberliegenden Punkte durch einen Bleistiftstrich, und seht, liebe Kinder, es entsteht ein Kreuz. (Leider nicht bei allen mit rechten Winkeln.)

Jetzt müssen wir den „Platz in den Ecken" halbieren („Winkel heißt das, liebe Kinder!"), damit wir uns dem Windrosen-Stern nähern. Wir machen das, indem wir die Diagonalen einzeichnen. (Mütter und Lehrer springen hin und her, um die gröbsten Entgleisungen zu korrigieren. Fehlerfrei ist nur das Wort DIAGONALE an der Tafel.) Jetzt, Kinder, kommt der große Augenblick: Wir schlagen einen Kreis mit dem Zirkel. Das Wort erscheint ebenfalls an der Tafel. Nachdem vier wackelige und krumme Zirkel ausgemustert, das Fehlen von weiteren fünf beklagt und bei also neunen gemeinsame Nutzung vereinbart wurde, nehmen wir den Radius in den Zirkel.

„Und nun schlagen wir den Kreis." (Es folgt ein Chaos.) Später schlagen wir einen zweiten Kreis mit viel kleinerem Radius. (Zweites Chaos.) Und nun verbinden wir die Schnittpunkte (Tafelanschrift!), „das sind die Stellen, wo der Kreis durch die Linien geht", miteinander. Damit nicht wieder Chaos ausbricht, wollen wir die Schnittpunkte erst mal numerieren. Kontrolle durch alle Helfer: Alles klar.

Nun verbinden wir Punkt 1 mit 2. Immer abwechselnd einen Punkt auf dem großen und einen auf dem kleinen Kreis. Der Lehrer macht es an der Tafel vor: O Wunder, ein Stern! Die Kinder freuen sich. Sie packen ihre Lineale und nehmen die Stifte in die Faust: ran! (Anarchie bricht aus. Die Pausenschelle ist unsere Rettung.) In der Pause äußern einige Mütter Verwunderung über „soviel Ungeschicklichkeit". Aber am Lineal entlang einen geraden Strich ziehen: das ist eine Kunst. Das muß gelernt werden. Zwei Punkte durch einen Strich miteinander zu verbinden erfordert Wissen und Erfahrung: Das Lineal darf nicht die Punkte berühren, der Bleistift muß spitz sein und senkrecht gehalten werden, die Finger müssen das Lineal so halten, daß sie nicht den Bleistift zu Umwegen zwingen. Einen 25 cm langen Papprand exakt in der Mitte durch einen Bleistiftstrich kennzeichnen: das können auf Anhieb kaum zwei von zehnen. Da gibt's nicht viel zu lehren. Das muß gelernt werden, erfahren beim selbständigen Tun. Fränzi sagt zufrieden: „Bei mir stimmt's ziemlich genau." Warum sollte ich ihr einen Vortrag halten? Sie wird gleich, wenn eine in der Luft hängende Sternzacke ausgeschnitten zu Boden flattern wird, den Unterschied zwischen ‚genau' und ‚ziemlich genau' erfahren. Viel überzeugender und dauerhafter als durch meinen Vortrag.

Nach der Pause schraffieren wir alle auszuschneidenden Flächen, damit sich die Schere nicht so leicht verirren kann.

Nun, liebe Mütter, müssen wir scharf aufpassen. Ist alles richtig schraffiert? Dann los!

Mit Feuereifer wird drauflosgeschneidert. (Drei Sterne werden unrettbar zerschnippelt. Drei Mütter beginnen mit drei Kindern an drei Reserve-Pappen hinterm Raumteiler eine Aufholjagd.)

Die letzte Stunde ist erholsam: Jedes Kind klebt nach gusto Transparentpapier hinter seinen Stern.

Der Hausmeister bringt wie verabredet seine große Leiter. Er ist zufrieden, weil ich ihm versprochen habe, auf Tesafilm zu verzichten, da der oft Spuren hinterlasse. Wir werden „hafti" nehmen, Knet-Kleb-Kügelchen, die nur einen sanften Schmier hinterlassen, der später mit einem Lappen weggerubbelt werden kann. (Erst einige Jahre später wird eine Kollegin die Ideal-Lösung finden: Großmutters Mehl-Kleister.)

Endlich hängt der erste Stern oben links in der Fensterecke. Nach zehn Minuten ist die erste Reihe „voll". Wir genießen das Erlebnis, richtig gemessen zu haben. Dann wird eine Reihe senkrecht montiert: paßt auch! Nun ahnt man schon, wie das aussehen wird, wenn das ganze Fenster ein nahtlos buntes Sternenfenster sein wird.

An der Tafel steht: Windrose, senkrecht, waagerecht, Diagonale, Punkt, Schnittpunkt, Winkel.

Auf zwei Stunden hatten sich die Mütter eingerichtet. Als wir uns nach getaner Arbeit durchschwitzt die erste Ruhepause auf einem Stühlchen gönnen (dem Fenster gegenüber, damit wir die Frucht unserer Arbeit genießen können), ist der Samstagvormittag vorbei, und Frau Sensen erklärt, heute müsse sie unbedingt einen Mittagsschlaf halten.

Viele Kinder wollen noch nicht nach Hause. Jule schwärmt: „Die ganze Klasse sieht nach Weihnachten aus." Bärbel, schon in der Tür, zwinkert mir zu: „Danke für den Weihnachtstag!" Die letzten Kinder müssen wir aus dem Haus jagen. Sie gehen erst, nachdem ich Meike versprochen habe, der Hausmeister werde übers Wochenende das Licht in der Klasse brennen lassen, so daß man unser Werk von außen bewundern kann. (Meike wohnt der Schule gegenüber.)

> „Die Selbständigkeit des Lehrers soll nicht weiter, als es durchaus unerläßlich ist, eingeengt werden; es soll ihr vielmehr für die Auffindung weiteren kindgemäßen Stoffes und für die Erprobung verschiedener, auch abweichender Arbeitsweisen der weiteste Spielraum gelassen werden."
>
> *Aus: Vorbemerkungen zum vorläufigen Lehrplan für die Grundschule in Württemberg, Verfügung des Ministeriums des Kirchen- und Schulwesens vom 25. 11. 1920*

Adventssingen

Jeden Montagmorgen in der Adventszeit treffen sich alle Schüler in der Eingangshalle.

Dort ist ein Adventskranz aufgehängt, Tannensträuße mit von Kindern angefertigtem Schmuck stehen in großen Vasen.

In einer kleinen, zehn bis fünfzehn Minuten langen Feier wird gemeinsam gesungen, und die verschiedenen Jahrgänge stellen abwechselnd ihre Verse vor und begleiten ihre Lieder.

Regina Thulesius

Weihnachten herbeisingen

Freitags nach der großen Pause treffen sich alle Kinder und Lehrer der Schule im Treppenhaus. Wir haben ein altes und hohes Gebäude: Fünf Treppen liegen zwischen Erst- und Viertkläßlern. Freitags nach der großen Pause drängen sich auf diesen Treppen 220 Kinder und zehn Lehrer. Kinderköpfe reihen sich wie eine fünffach gewundene Girlande über dem gewendelten Geländer: Freitags nach der großen Pause wird gesungen.

> „Heute weisen die von den empirischen Wissenschaften belegten Tatbestände, daß z. B. die Familie ihrer Aufgabe ... nicht mehr voll nachkommt und daß es dem ‚Zweiterzieher' Schule zufällt, konsequente Sozialerziehung zu leisten, eindringlich darauf hin, wie sehr es auf die Schule als einen sozialen Raum ankommt."
>
> *Wilhelm Wittenbruch 1974 in der Pädagogischen Rundschau, S. 197*

Eine Kollegin hat jeweils das ‚Wochenlied' ausgewählt, manchmal sogar noch einen kleinen Kanon als Dreingabe. Die haben alle Klassen gelernt. Nun steht sie auf dem mittleren Treppenabsatz und dirigiert. Weil nicht alle Kinder sie sehen können, brauchen wir einen Co-Dirigenten auf dem dritten Treppenabsatz, der die Tempi der Dirigentin nach oben weitergibt.

Manchmal fällt die eine oder andere Klasse auf, weil sie das neue Lied nicht kann. Dann schimpfen die Kinder mit der Lehrerin. Und manchmal wirkt das Schimpfen erst so spät, daß eine saumselige Lehrerin am Freitagmorgen eine notenkundige anstößt: „Du, sing mir doch mal das Lied vor!"

Schön war das gemeinsame Singen im Herbst, als 220 Kinder den Kanon ‚Heo, spann den Wagen an' im hallenden Treppenhaus summten und sich der gemeinsam erzeugten Harmonie freuten.

Aber am schönsten war's in der Weihnachtszeit. Von Freitag zu Freitag wuchs die Zahl unserer Lieder und Kanons, und als wir für den Abschluß des letzten Schultages vor Weihnachten die Eltern eingeladen hatten, uns „Weihnachten herbeisingen" zu helfen, kamen einige Dutzend, und zwanzig Minuten lang schien der Traum von der ‚Schulfamilie' Wirklichkeit geworden zu sein.

„Die Lehrer der öffentlichen Schulen unterstehen der Schulaufsicht; innerhalb der beamtenrechtlichen Hierarchie unterliegen sie der allgemeinen Gehorsamspflicht des Beamtenrechts. Die unterrichtliche Tätigkeit erfordert jedoch Freiheits- und Beurteilungsspielräume. Das Rechtsinstitut der Pädagogischen Freiheit trägt diesen Erfordernissen Rechnung; es gewährt den Lehrern einen beamtenrechtlichen Sonderstatus."

Hans Heckel in seiner ‚Einführung in das Erziehungs- und Schulrecht'. Wissenschaftliche Buchgesellschaft, Darmstadt 1977, S. 72

Weitere Veröffentlichungen von GERHARD SENNLAUB

Lehrer und Eltern

13 x 21 cm. 104 Seiten, kart. DM 10,80

Zusammenarbeit von Lehrern und Eltern ist leicht zu fordern und schwierig zu tun. Deshalb wird sie oft beredet und selten getan. Zusammenarbeit geschieht nicht, wenn Lehrbeamte und Erziehungsberechtigte Vorschriften anwenden. Sie geschieht, wenn Pädagogen, Mütter und Väter einander raten und helfen.
In diesem Buch berichten 19 Grundschullehrer und Eltern von Grundschulkindern, was sie bei solcher Zusammenarbeit erlebt und erfahren haben. Sie zeigen, wie trotz aller Schwierigkeiten und Mißerfolge der von Gesetzgebern und Schulverwaltern gegebene Rahmen gefüllt werden kann.

Schule – Eltern – Kindergarten

Praktizierte Kooperation

13 x 21 cm. 112 Seiten, kart. DM 12,80

Eine komplette „Kooperationsgruppe“ von 5 Grundschullehrern, 7 Erzieherinnen und Eltern berichtet von ihrer Zusammenarbeit. Drei Fachleute aus Wissenschaft und Verwaltung bringen kurze, kommentierende Ergänzungen ein. Ein Fallbericht schließt sich an: Wie der schwer körperbehinderte Martin durch Zusammenarbeit von Erzieherin, Mutter und Klassenlehrerin zu dem für ihn vielleicht lebenswichtigen gleitenden Übergang kam.